DIE OLIVENKÜCHE

ERICA BÄNZIGER

DIE
OLIVEN
KÜCHE

MIDENA

Die Deutsche Bibliothek -
CIP-Einheitsaufnahme

Bänziger, Erica:
Die Olivenküche / Erica Bänziger.
Küttigen/Aarau : Midena : Augsburg : Weltbild, 1998
  ISBN 3-310-00306-X

Alleinvertrieb für Deutschland:
WELTBILD VERLAG GMBH
Steinerne Furt 68 – 72, 86167 Augsburg

© 1998 – Midena Verlag GmbH, CH-5024 Küttigen/Aarau
Gestaltung Umschlag und Layout: Dora Hirter, Birrwil
Foodbilder: Evelyn und Hans-Peter König, Zürich
Bilder Einführungsteil: Hans-Peter Siffert, Zürich, u.a.
Lithos: Neue Schwitter AG, Allschwil
Satz: Kneuss Satz AG, Lenzburg
Druck und Bindung: Neue Stalling, Oldenburg

ISBN 3-310-00306-X

Printed in Germany

INHALT

INHALT

❧ ❧ ❧

Wo nicht anders vermerkt, sind die
Rezepte für 4 Personen berechnet.

Widmung

Dieses Buch widme ich

dem Lebenskünstler und liebenswürdigen Olivenölproduzenten Nicola di Capua und seiner Lebenspartnerin, der Sopranistin Gabriela Bergallo,

Roland Müller von der Frantoio I Massi in Guardistallo (Toscana),

allen eifrigen und unermüdlichen Olivenölproduzenten, die sich für eine gute und ehrliche Olivenölqualität einsetzen und mit ihrer Arbeit zum Erhalt dieser alten Kultur beitragen,

allen Liebhabern des Olivenöls und der mediterranen Küche, besonders den Menschen, die am Tag des Olivenbaums, dem 23. September, Geburtstag feiern.

Herzlichst

Erica Bänziger

VORWORT EINES PRODUZENTEN

Ja, die Nordländer scheinen allmählich auf den Geschmack des gelbgrünen natürlichen Saftes aus dem Mittelmeergebiet zu kommen. Ist es die Absatzwerbung der produzierenden Länder oder das wachsende Gesundheitsbewusstsein oder vielleicht auch die Sehnsucht nach dem warmen Süden, dass das Olivenöl «im Gespräch» ist? Was auch immer, die Olivenölproduzenten sind über diese Entwicklung glücklich, und mit den nordischen Ansprüchen steigt die Qualität des Produktes in allen produzierenden Regionen.

Im Jahr 1991 ließ ich wahrscheinlich als erster Schweizer in Italien eine Ölmühle nach traditioneller Art bauen. Als ich im Lohnauftrag Oliven zu verarbeiten begann, musste ich in den ersten Jahren viele Ölbauern abweisen, weil sie entweder am Boden aufgelesene faule oder schon mit Pilzen befallene Oliven bei mir pressen lassen wollten. Die Tradition verlangte damals, dass die ersten noch grünen Oliven dem Großgrundbesitzer gehörten. Die spätere Lese war zusammen mit den ersten Falloliven für die Händler bestimmt. Für den Pächter blieben die auf dem Boden aufgelesenen Oliven. Ich bin froh, dass «das Verteilen» von guten und weniger guten Oliven in der Toskana der Vergangenheit angehört. Im Mittelpunkt steht wieder der Bauer, der seine Bäume jahrein und jahraus pflegt und die geernteten Früchte selber zur Frantoio, der Ölmühle, bringt. Obwohl der Gesetzgeber verbietet, dass sich Unberechtigte (Bauern) in der Frantoio aufhalten, ist dieser Ort für viele mehr als «Produktionsstätte». Hier treffen sich vor allem nach dem Eindunkeln müde und romantische Bauern. Im Kaminfeuer wird Brot getoastet und dazu das jungfräuliche Olivenöl verkostet. Ein schöner Brauch ...

Beim Kauf von Olivenöl stellt sich immer wieder die Frage, weshalb es bei den Preisen so große Unterschiede gibt. Da kann ich nur sagen: Gutes Olivenöl hat seinen Preis. Und das Qualitätsbewusstsein beginnt bei der Pflege der Bäume und endet beim Abfüllen in die richtige Flasche. Qualität läßt sich auch nicht geographisch eingrenzen. Jede Region hat ihre guten und schlechten Öle. Und für die gute Qualität sollten wir uns alle einsetzen.

Roland Mülller, Frantoio I Massi, 56040 Guardistallo/Italien

VORWORT DER AUTORIN

Was wäre die mediterrane Küche ohne das Olivenöl. Unvorstellbar! Das Olivenöl ist im ganzen Mittelmeerraum eine der wichtigsten Zutaten überhaupt. Es ist Inbegriff der mediterranen Küche und hat damit weltweiten Ruf erlangt. Hochwertiges Olivenöl liegt heute mehr denn je im Trend. Spitzenköche, Vollwertköche, Ernährungsfachleute und auch immer mehr Mediziner empfehlen das Olivenöl als hochwertiges Nahrungsmittel und als Medizin bei vielen Gesundheitsstörungen. Die längst erwartete Renaissance eines der ältesten Naturprodukte hat begonnen.

Der Olivenbaum prägt wie kaum eine andere Kulturpflanze das Landschaftsbild des Mittelmeerraums und ist, wie ein Autor eines wunderschönen Olivenbuches so schön sagte, «die Wiege der Zivilisation». Denn die Heimat des Olivenbaums, das Mittelmeergebiet, gilt als die Geburtsstätte unserer Zivilisation schlechthin. Ist unsere Sehnsucht nach diesem Fleck Erde deshalb so groß? Ich jedenfalls fühle mich im Süden zu Hause und bilde mir sogar ein, dort meine Wurzeln zu haben. Nur so kann ich mir erklären, weshalb der Olivenbaum wie auch andere Bäume dieser Gegend eine derart große Faszination auf mich ausübt.

Nachdem ich mit meinem Kastanien-Kochbuch die Edelkastanienbäume und ihre fast vergessenen Früchte vielen Mitmenschen näher bringen durfte, widme ich dieses Buch der altehrwürdigen Olivenkultur. Diese ist zwar nie untergegangen, aber leider haben immer noch viele Menschen den Wert des natürlichen Olivenöls nicht entdeckt. Diese Lücke möchte ich mit diesem Buch schließen helfen. Die Idee zu diesem kleinen Werk kam mir denn auch in der Toskana, als ich auf einem sehr alten, knorrigen Olivenbaum Kraft tankte. Durch meinen Wohnsitz in der Sonnenstube der Schweiz, dem Tessin, bin ich den Olivenbäumen sehr nah. Ja, selbst im lieblichen Tessin wachsen Olivenbäume, und es wird sogar Öl gepresst.

Ich verwende in meiner Küche schon seit Jahren fast ausschließlich das kostbare Olivenöl. Ich freue mich, wenn durch dieses Buch und mit den einfachen, schmackhaften Rezepten noch mehr Menschen das natürliche Gesundheitselixier lieben und schätzen lernen. Auch unser Gesundheitswesen könnte davon profitieren.

Ich wünsche Ihnen viele sonnige Stunden und vor allem Gaumenfreuden beim Ausprobieren der verschiedenen Olivenöle.

Erica Bänziger

DIE KÖNIGIN DER BÄUME

Bei einem Treffen der Bäume sollte ihre Königin erkürt werden. Unter den ersten Gästen befanden sich die Akazie und die Weide im feinbehangenen Silberkleid. Die Akazie, sie trug ihr pompöses Blütenkleid erst zur Wahlfeier, zwinkerte verschmitzt zur Weide, als auch die Pappel und die Mandel in ihren fast schon verblühten Stickereigewändern erschienen. Die Pinie, alle überragend, fragte nach dem größten Zimmer. Sie könne nicht wie die Zypresse in einem schmalen Turm wohnen, sie brauche Platz und Luft! Die Korkeiche, scheu, alt und knorrig, kam zusammen mit ihrer Schwester, der mächtigen Eiche. Diese war keinesfalls so zurückhaltend wie ihre Schwester, sie fing gleich an zu prahlen und zu protzen: Man müsse sie nur anschauen, dann wisse man, wer die Königin der Bäume würde, keine andere hätte die Kraft und ihre Postur, man müsse nur auf die beiden «Würgeli», den Apfel- und den Birnbaum schauen, um ihr sofort die Stimme zur Königin zu geben. Der Apfelbaum wurde ganz rot im Gesicht, als alle anderen ihn betrachteten. Der Birnbaum ließ sich nichts anmerken und schritt schnurstracks zum Buffet. Auch der Kirschbaum und der Nussbaum waren schockiert vom Auftreten der Eiche. Der Kirschbaum sogar so sehr, dass ihm ein Kirschstein im Hals stecken blieb (der Kirschbaum war übrigens schön gekleidet in einem zartrosa Chiffonkleid). Ganz zum Schluss trat auch die Olive ein, bescheiden, etwas gebückt vom Alter, aber allen gab sie freundlich ihre abgearbeitete Hand. Nur die Eiche tat so, als ob sie die Hand nicht sähe und fuhr weiter mit ihrem belanglosen Palaver mit der fast ebenso großen Pinie. Eine Königin der Bäume müsse groß sein, gut gewachsen und gleichzeitig fest auf dem Boden stehen. «Wie wir beide», flüsterte die Eiche zur Pinie, aber laut genug, dass es alle hören konnten. «Wozu sind wir denn hier eingeladen», flüsterte die Akazie zu den in der Nähe stehenden kleineren Bäumen, «wenn die da oben jetzt schon weiß, dass sie Königin der Bäume wird!» «Natürlich weiß ich das», lachte die Eiche, «oder wollt ihr Zwerge etwa Königin werden?» Eine Königin müsse immer repräsentieren, und wer könnte das besser als sie, die Eiche? Dabei schloss sie leicht die Augen und strich sich mit einem ihrer großen Äste langsam über die Stirn. Jemand müsse eben diese schwierige und verantwortungsvolle Aufgabe übernehmen. Dabei schaute sie mit leidenden Augen in die Runde, bis sie wieder mit der Pinie ihren Dialog fortsetzte, nicht ohne noch durch die Spitzwinkel ihrer Augen die Reaktionen der Zuhörerinnen zu beobachten.

Die Zypresse, wie immer gerade und aufrecht, rief die Teilnehmerinnen an den langen Tisch. Zwecks geheimer Ab-

stimmung sollte jede ein Blatt mit dem Namen ihrer Wahl ausfüllen. Die Eiche war die erste, die ihr Wahlblatt in die Holzurne warf, nicht ohne beim Einführen einen Moment innezuhalten, um den wichtigen Augenblick zu genießen. Gewitterblitze – oder waren es Fotografen? – begleiteten die werbewirksame Szene. Bei den anderen ging es schneller.

Am Schluss schritt die Zypresse aufrecht zur Auszählung. Alle waren gespannt. Sie las die Voten laut und deutlich vor: Olive..., Olive..., Olive... Bei der dritten Olive brach der Eiche ein Ast und krachte zu Boden, fast auf den verdatterten Apfelbaum. Olive..., Olive... Alle waren für die Olive als Königin der Bäume. Nur auf einem Wahlblatt stand: Eiche.

Die Wahlnacht war lang und fröhlich. Viele Toasts wurden ausgesprochen für die bescheidene Olive, die Königin der Bäume, die jedes Jahr aufs Neue ihre wertvollen Früchte für den Menschen trägt. Die prahlerische Eiche aber wurde ausgelacht, sodass sie von jenem Tag an ihre Früchte nicht mehr für den Menschen, sondern für die Schweine produzieren musste.

Die Geschichte entnahm ich der Olivenöl-Zeitung von Tre Mulini; veröffentlicht hat sie Walter Messner vom Ferienbauernhof «Le Canne» in der Toskana. Die Geschichte stammt aus Italien; der Verfasser ist leider nicht bekannt. Mir gefiel «Die Königin der Bäume» so gut, dass ich sie in mein Oliven-Buch übernommen habe.

DER ÖLBAUM –
EIN PFLANZENPORTRÄT

Wilhelm Pelikan schreibt in seinem Buch «Heilpflanzenkunde» zum Ölbaum:

Dem Ölbaum muss man sich mit Ehrfurcht nähern, ist er doch nicht nur als Nahrungsspender eines der ältesten Kulturgewächse, sondern auch als Helfer der Heilung, Gewährer der Substanzen kultischer Handlungen, der Königs- und der Priesterweihe und als Spender der Sterbesakramente bekannt. Er ist selber der priesterliche Patriarch unter den Bäumen; im durchlichteten Schatten eines Olivenhaines, der mit bald silbern, bald golden aufblitzender Helle sanft durchwoben wird, lebt die Feierlichkeit und der große Frieden eines Natur-Heiligtums. Die Völker des östlichen Mittelmeerraums, seines ursprünglichen Lebensraumes, empfanden ihn als unmittelbares Göttergeschenk, insbesondere die Griechen, die Athene für die Gabe des ersten Ölbaumes dankten. Und es galt einst als undenkbarer Frevel, Olivenbäume umzuhauen.

Die feste, harte Erde ergreift der Ölbaum mit unbändiger Lebenskraft; ein steiniger, der Sonne zugeneigter Hügel und Berghang sagt ihm vor allem zu. An Wurzeln und Stamm strotzt er von

schlafenden Augen, aus denen er ausschlagen, sich verjüngen kann; aus den auf die Erde hängenden Zweigen kann er ebenfalls vermehrt werden. Mag der Stamm im Alter zerfallen, in Teilstücke wie alte Weidenstrünke sich spalten, ruinengleich einem geborstenen Felsen ähnlicher sehen als einem pflanzlichen Gebilde: jung und frisch treiben aus ihm grünende Zweige, auch das uralte Geäst gehorcht dem Anruf des Frühlings immer wieder von neuem. Dass ein Baum eigentlich aufgestülpte Erde ist – hier schier felsenharte Erde –, am Olivenbaum wird es besonders deutlich.

Nicht nur dass der Ölbaum die große Helligkeit und «helle Wärme», die durch das Meer ausgeglichene Klimazone der Mittelmeerländer zur Heimat erwählt hat, auch durch die Art seiner Verzweigung und Kronenbildung, durch die weidenähnlichen, lanzettförmigen, oben graugrünen, unten silbern glänzenden, immergrünen Blätter schafft er sich eine von Licht und Wärme ständig durchspielte Lebenssphäre. Das Schattig-Feuchte hält er sich fern. Das zeigt sich bis in die Stammfarbe, ein grünliches Silbergrau. Die ligusterähnlichen, kleinen, zarten, weißgelblichen Blüten brechen im April und Mai – im Mittelmeerraum ist dies der Spätfrühling – in kurzen Trauben aus den Achseln der Blätter. Ein zarter, bescheidener Duft ist ihnen eigen. Die Frucht reift langsam, ähnlich der Schlehe. Der Baum gibt seine ganzen Lebenkräfte an ihre Bildung und Reifung heran, denn er wächst während dieser Zeit nur sehr langsam. Und während der Erntezeit, die von Spätherbst bis Winterende dauert, stellt er sein Wachstum fast vollständig ein. Der Ölbaum konzentriert seine Kraft nach innen, deshalb wird er auch uralt. Im Garten Gethsemane stehen wahrscheinlich heute noch einige von den Bäumen, unter denen Christus gewandelt ist und in der Stunde geweilt hat, welche die Passion einleitete.

DIE VERBREITUNG DES OLIVENBAUMS

Italien

Italien ist einer der wichtigsten Olivenölproduzenten. Gemessen an der Menge liegt das Land hinter Spanien auf dem zweiten Platz. Das italienische Olivenöl ist besonders begehrt, vor allem das Öl aus der Toskana. Hauptproduzent von Olivenöl sind Apulien und Kalabrien.

So unterschiedlich die Lage und das Klima der einzelnen Olivenanbaugebiete ist, so reich und so groß ist die Geschmackspalette.

Olivenöl aus Norditalien stammt hauptsächlich aus den Regionen rund um den Comer See und dem Gardasee. Leider sind am Comer See viele Anbaugebiete verwahrlost, aber eine Rückbesinnung auf die gute Qualität der Olivenöle aus dieser Region ist wieder spürbar, womit auch die Pflege und die Produktion wieder gefördert werden. Auch das Olivenöl rund um den Gardasee gehört zu den besten von ganz Italien. Durch die im Winter herrschenden großen Temperaturschwankungen können die meisten Produzenten auf den Einsatz chemischer Spritzmittel zur Schädlingsbekämpfung verzichten. Auch Ligurien, vor allem die Levante, produziert ein sehr gutes Olivenöl. In der Toskana gibt es aus den verschiedenen Provinzen sehr unterschiedliche Öle: Da ist das Olivenöl von den Florentiner Hügeln, aus dem Chianti-Gebiet, aus der Region Lucca und von den Hügeln rund um Livorno und aus den Maremmen. Spitzenöl wie das «Laudemio» aus den Zentralhügeln der Toskana rund um Florenz ist unter Kennern sehr beliebt und entsprechend teuer.

Umbrien, das wegen seiner endlos bewaldeten Hügel, vor allem auch wegen der vielen silbergrünen Olivenbäume, als «das grüne Herz» Italiens bezeichnet wird, produziert nur 2% des italienischen Olivenöls. In den Abruzzen, einer sehr reizvollen Landschaft, mit ihrem rauhen und gebirgigen Klima, gibt es einige hervorragende Olivenöle der Klasse extra nativ. Das Molise, die kleinste Region Italiens, wird oft vergessen. Die hier produzierten Olivenöle sind von fruchtiger Fülle (Bonefro, von Nicola di Capua).

So weit das Auge reicht, wird Apulien von Olivenbäumen dominiert. Es ist mit einem Anteil von 21% an der italienischen Olivenölproduktion das wichtigste Anbaugebiet. Apulisches Öl wird häufig an andere Regionen verkauft und zum «Strecken» verwendet.

Griechenland

Griechenland, genauer die Insel Kreta, ist bekannt für ihre Olivenbäume. Kenner behaupten, das Olivenöl aus Kreta gehöre zu den besten schlechthin. Das Landschaftsbild Griechenlands wird von den Olivenbäumen geprägt. Oliven und Olivenöl sind wichtiger Bestandteil in der täglichen Ernährung.

Die bekannteste Region ist der Peloponnes. Hier gedeihen nicht nur Oliven für die Ölgewinnung sondern auch wunderbare große fleischige Essoliven.

Die Griechen sind unter den Olivenölproduzenten auf dem dritten Platz, und trotzdem wird eher wenig Öl exportiert, da der inländische Bedarf sehr groß ist (20 Liter pro Person jährlich). Wichtigster Abnehmer des griechischen Oliven-öls ist Italien. Aber daraus wird wohl italienisches Öl.

Frankreich

In Frankreich begegnen wir den ersten Olivenbäumen im Midi. In der Provence sind Klima und die Sonneneinstrahlung ideal. Die Olivenbäume werden mehrheitlich von kleinen Bauernbetrieben gepflegt, die das Olivenöl an Privatkunden oder an Restaurants an der Côte d'Azur verkaufen. Die Provence hat mit 5% einen sehr kleinen Anteil an der europäischen Olivenölproduktion. Wer provenzalisches Olivenöl kaufen will, wartet am besten seinen nächsten Urlaub in der Provcence ab. Zu finden ist es in Feinkostläden.

Spanien

Spanien hatte in den letzten Jahren zahlreiche Olivenöl-Skandale zu verkraften, die seinem Image geschadet haben. Dabei ging fast vergessen, dass das Land auch ausgezeichnetes Olivenöl produziert.

Das Hauptanbaugebiet für Oliven ist Andalusien. Der Olivenbaum liebt diesen südlichsten Landstrich Spaniens. Nebst Andalusien hat aber auch Katalonien vorzügliches Olivenöl.

Große Mengen spanischen Olivenöls werden nach wie vor nach Italien exportiert, wo es sich durch das Umfüllen z. B. in das beliebte toskanische Olivenöl verwandelt.

DIE GESCHICHTE DES OLIVENBAUMS

*Die Italiener scheinen
niemals zu sterben...
sie essen den ganzen Tag Olivenöl...
und das ist wohl der Grund.*
Wiliam Kennedy

Es gab ihn schon vor 7000 Jahren, den Ölbaum. Seine Heimat ist sehr wahrscheinlich Nordafrika. Dort wurden auf jeden Fall Fossilien von Olivenblättern gefunden, die aus der Zeit 5000 Jahre v. Chr. stammen sollen. Auch Syrien und Palästina werden als Heimat des Olivenbaums genannt. Andere Quellen sprechen von Olivenkernen, die in Wohnsiedlungen des Jungpaläolithikums (35000 bis 8000 Jahre v. Chr.) ausgegraben worden sind. Bei allen diesen Unsicherheiten bleibt unbestritten, dass der Olivenbaum eine der ältesten Kulturpflanzen ist. Wie sich der Ölbaum auf dem Erdball verbreiten konnte, dürften nur die Götter wissen. Zahlreiche Überlieferungen stammen auch aus dem Orient. Auf den Inseln der Ägäis und in Kleinasien wurden schon 2500 v. Chr. Olivenbäume gepflanzt und aus den Früchten wurde Öl gewonnen. Er soll dort als wildwachsender Strauch und als Baum vorgekommen sein.

In der jüdischen Kultur und im alten Testament genoss der Ölbaum höchstes Ansehen. Das Olivenöl war Opfergabe, Licht- und Wärmequelle, Speise und Körperpflegemittel zugleich. Das für Salbungen verwendete Olivenöl wurde mit Myrrhe, Zimt, Gewürzrohr und Nelken vermischt.

Wir begegnen aber der Olive schon vorher in der Bibel. Als Noah die Tauben zum zweiten Mal aus der Arche in die Freiheit entliess, kehrte eine von ihnen mit einem Olivenzweig im Schnabel zurück. Sie war Überbringerin der frohen Botschaft, dass der Himmel sich besänftigt und die Regenfluten nachgelassen hatten.

Der Zweig ist auch Symbol des Friedens. Er verkörpert Gottesnähe und Gottes Weisheit. Jesus zog am Abend vor der Kreuzigung mit seinen Jüngern zum Ölberg; er soll an einem Kreuz aus Olivenholz gestorben sein. Der Olivenbaum wird in diesem Zusammenhang immer wieder Lebensbaum genannt und deshalb auch verehrt.

Lange Zeit symbolisierte der Olivenbaum auch Reichtum, Wohlstand und Glück. Die Herrscher der verschiedenen Dynastien betrieben einen regen Ölhandel, und Ölvorräte wurden als Reichtum angesehen.

Der Olivenbaum wurde schon früh «heilig» erklärt. Geweiht wurde er der Göttin Athene. Die Ölbäume auf der Akropolis galten als Symbol des Friedens und der geistigen Helle. Bei den alten Olympischen Spielen wurde der Sieger mit einem Olivenzweig geehrt.

Gemäss jüdischer Überlieferung entstammt das Öl der Barmherzigkeit einem Samenkorn, das Seth in den Mund seines Vaters Adam gelegt hatte; aus

dem Korn keimte ein Olivenbaum. Im alten Ägypten war die Olive dem Gott Aten geweiht.

Berber, Griechen und Römer pflanzten Olivenbäume zu Ehren der Verstorbenen. Und bei den Römern waren die Altäre aus Olivenholz. Allein im Alten und Neuen Testament wird der Ölbaum über 200 Mal erwähnt.

> Von Kreta aus eroberte der Olivenbaum um ca. 500 v. Chr. über Süditalien und Rom den gesamten mediterranen Raum. Zur Zeit der klassischen Antike war der Olivenbaum im ganzen Mittelmeerraum bekannt. Seefahrer wie Kolumbus brachten ihn auch in die «Neue Welt».

Das vielseitige Olivenöl

Das Olivenöl wurde schon immer sehr unterschiedlich verwendet. Oft hatte die Verwendung einen religiösen Hintergrund. Man stellte für rituelle und magische Zwecke Duftöle her. Im Buch über die Magie der Nahrung ist zu lesen, dass das Essen von Oliven und die Verwendung von Olivenöl die Spiritualität fördern.

Der Olivenbaum im keltischen Baumkreis

Im keltischen Baumkreis ist der 23. September der Tag des Olivenbaums. Es ist der Tag, an dem Tag und Nacht gleich lang sind. Der Olivenbaum wird in diesem Zusammenhang auch als Baum der Weisheit bezeichnet. Am 23. September Geborene haben ein Verlangen nach Harmonie und Gerechtigkeit und Sinn für Schönheit. Ähnlich dem Olivenbaum setzen sie sich für die Gemeinschaft ein und übernehmen Aufgaben, ohne daraus Nutzen ziehen zu wollen. Das Wohlergehen der Mitmenschen liegt ihnen sehr am Herzen. Der römische Kaiser Augustus, Romy Schneider und Ray Charles sind am 23. September, am Tag des Olivenbaums, geboren.

BOTANIK

Der Olivenbaum (Olea europea) wird 1500 bis 2000 Jahre alt. Die acht Olivenbäume im Garten Gethsemane in Jersualem, unter denen Jesus einst betete, sind rund 2000 Jahre alt. Ein bewegendes Ereignis ist es sicher, unter diesen betagten Zeitgenossen zu stehen und die Vergangenheit zu spüren. In Europa ist die Olive nebst der Eibe der langlebigste Baum. Sie gehört zur Familie der Ölbaumgewächse.

Der Olivenbaum ist ein gedrungener, gebeugter, knorriger und gewundener Baum, der im Alter bis zu 20 Meter hoch werden kann. Er ist voller Anmut und vereint in sich die Urkraft der vier Elemente. Er ist fest verwurzelt und nicht umzubringen durch Wasser, Feuer und Sonne, ein richtiger Lebenskünstler. Stark verzweigte Äste winden sich nach oben, «bekleidet» mit blaugrünen ledrigen Blättern, die auf der Unterseite silbrig glänzen. Selbst wenn der Baum im Inneren gestorben ist, treibt er ähnlich der Edelkastanie immer wieder neue Äste.

Die Zeit der Blüte

Der Olivenbaum blüht rund 60 Tage. Die kleinen Blüten werden meistens durch den Wind und in seltenen Fällen durch Insekten befruchtet. Nach 4 bis 6 Monaten wird aus der Blüte eine pflückreife Olive. Der Olivenbaum braucht nach einer reichen Ernte eine Pause. Nicht dass er im Ruhejahr keine

Früchte tragen würde, aber es sind wesentlich weniger.

Der Olivenbaum trägt frühestens nach 15 Jahren Früchte. Sie reifen in der Regel zwischen Oktober und Februar. Grüne Oliven sind unreife Früchte; in voller Reife sind sie schwarz und liefern ein sehr geschmacksintensives Öl. Deshalb bleiben die Oliven je nach Region bis Februar oder sogar März am Baum.

Klima und Standort

Der Olivenbaum wächst sehr langsam. Er liebt trockenen, gut durchlüfteten, leicht sandigen, kalkhaltigen Boden und viel Sonne. Nässe ist sein größter Feind.

Der Olivenbaum erträgt in der Regel die Kälte recht gut. Je mehr der Baum aber im Saft ist, desto größer die Gefahr, dass er bei tiefen Temperaturen erfriert. Im Winter 1985 sind in der Toskana rund 90% der Olivenbäume erfroren. Der Baum hat aber eine erstaunliche Lebenskraft; er treibt immer wieder neu aus. So haben sich in der Toskana in der Zwischenzeit die Baumbestände auch wieder etwas erholen können.

VON DER FRUCHT ZUM ÖL

Die Ernte

Die Oliven enthalten 16 – 20% Fett. Davon ist der überwiegende Teil im Fruchtfleisch und der Rest im Samen (Kern) enthalten. Die Oliven, aus denen Öl gewonnen wird, werden in der Regel kurz vor der Vollreife geerntet. Je reifer die Oliven, desto mehr Öl liefern sie. Für die Ölqualität ist dies aber eher ein Nachteil, denn je reifer die Früchte, desto höher der Anteil der unerwünschten freien Fettsäuren. Das Öl soll im Krug und nicht am Baum reifen!

Erntezeit ist je nach Anbaugebiet zwischen Ende Oktober und Anfang Februar. In der Toskana wird von Anfang November bis vor Weihnachten geerntet.

Da die Pflückmethode einen Einfluss auf die spätere Ölqualität hat, werden für hochwertiges Öl die Früchte auch heute noch von Hand geerntet. Der Olivenbauer streift die Oliven entweder mit kleinem Rechen aus Kunststoff von den Ästen oder schlägt sie mit Stöcken von den Bäumen. Häufig sieht man auch Maschinen im Einsatz, welche die Bäume schütteln. Die Oliven werden in Netzen aufgefangen. Fallfrüchte ergeben eine mindere Ölqualität.

Die Ölmühle

Vom Baum in die Ölmühle, lautet die Devise. Je länger dies dauert, desto höher wird der Anteil freier Fettsäuren im gepressten Öl sein. Ein hoher Fettsäureanteil wiederum beeinträchtigt Qualität und Geschmack. Die Oliven sollen im Idealfall nur wenige Stunden nach der Ernte, möglichst aber innert dreier Tage gepresst werden. In der Öl-

mühle «I Massi» in der Toskana können die Ölbauern die Oliven nur nach Voranmeldung liefern.

Für Produzenten von hochwertigem Olivenöl ist einwandfreies Pressgut genauso wichtig wie das rasche Pressen. So wird man in Gegenden mit Olivenbäumen auch fast immer ein Frantoio, eine Ölmühle, finden. In der Toskana sind es über 400 und in den Abruzzen sogar über 500 Mühlen.

Das Pressen der Oliven

Die Oliven werden in der Ölmühle zuerst verlesen. Blätter und schlechte Oliven werden aussortiert. Einige Produzenten belassen jedoch einige Blätter im Pressgut; sie sind für die schöne grüne Farbe und den etwas bitteren Geschmack verantwortlich.

Nach dem Waschen werden die Früchte in einer traditionellen Mühle mit großen Granitsteinen oder in einer größeren Mühle mit modernen Maschinen (Hammerschlag und Messer) zu Mus, der Maische, verarbeitet. Die Maische wird auf Pressmatten verteilt und unter Druck gepresst.

Es gibt immer weniger Ölmühlen, welche die Oliven mit Granitsteinen zermahlen. Die meisten Früchte werden aus Zeit- und Kostengründen mit Hammerschlag und Messer zerkleinert. Das langsame Mahlen auf Mühlsteinen ist

für eine gute Ölqualität von Vorteil. Leider fehlen von den verschiedenen Pressverfahren Qualitätsvergleiche (sogenannte Steigbilder).

Das Olivenöl wird heute ausschließlich kaltgepresst. Selbst bei Kaltpressung erreicht es je nach Verfahren eine Temperatur von bis 36 Grad; gemäß geltenden Richtlinien darf es dann immer noch als «kaltgepresst» deklariert werden.

Die Weiterverarbeitung

Das beim Pressen abfließende Öl wird in Zentrifugen von der übrigen Flüssigkeit getrennt. Nun muss das junge Olivenöl längere Zeit lagern, damit sich der Ölschlamm setzen kann. Das Öl wird regelmäßig umgefüllt und der Bodensatz (Ölschlamm) entfernt. Später wird das Olivenöl je nach Qualitätsanforderung direkt abgefüllt oder noch filtriert. Ölkenner bevorzugen ungefiltertes Olivenöl.

Überreife Oliven und solche, die vor dem Pressen in die Sonne oder in heißes Wasser gelegt werden, ergeben mehr Öl. Wer zu diesen Tricks greift, nimmt eine Qualiätseinbuße bewusst in Kauf. Kontrollieren lassen sich solche Machenschaften leider kaum. Für Produzenten guter Olivenöle grenzt solches Verhalten an Betrug.

DIE ÖLQUALITÄT

Die Qualität des Olivenöls ist auch unter Produzenten ein ständiger Zankapfel. Jeder glaubt, sein Öl sei das beste. Ein kleiner Olivenölproduzent, der die Oliven nach herkömmlicher Art zwischen den Mahlsteinen zerkleinert, schwört auf dieses handwerkliche Verfahren. Besitzer moderner Ölmühlen wiederum sind überzeugt, dass ihre Hightech-Anlagen Garant für bestes Olivenöl seien.

Bestimmt gefällt uns allen das Bild einer traditionellen Ölmühle besser als das Pressen in einer fabrikähnlichen Anlage. Aber man muss auch einsehen, dass in der Lebensmittelindustrie die Technik nicht nur Nachteile hat. Dank neuer Methoden können die Früchte viel schneller aufgemahlen werden, was sich laut Produzenten und Untersuchungen positiv auf die freien Fettsäuren auswirkt.

Die Organoleptik, die Geschmacksprüfung, ist sicher eines der besten Mittel, um die Qualität des Öls einigermaßen objektiv zu beurteilen. Aber wer von uns hat schon gelernt, Öl fachmännisch zu degustieren? Mehr dazu finden Sie im Kapitel «Öl degustieren», Seite 44 ff. Ich bin der Meinung, dass das Öl vor allem dem Gaumen schmecken und aus umweltverträglicher Produktion stammen soll; dann ist es auch von guter Qualität und der Gesundheit zuträglich.

Je nach persönlicher Vorliebe wird ein Öl aus der Toskana, von Kreta oder Andalusien das Rennen machen. Wer Sizilien liebt, wird sizilianisches Öl bevorzugen. Jede Region hat ihre typischen Öle. Und das ist auch gut so.

Die Kaltpressung – ein natürliches Verfahren

Kaltpressung bedeutet, dass die Oliven ohne Einsatz von chemischen Zusätzen wie Lösungsmitteln und ohne Erhitzen gepresst werden. Durch die Pressung erreichen die Samenöle wie z. B. die Sonnenblumenkerne eine Temperatur von maixmal 50 Grad. Beim Olivenöl beträgt die Höchsttemperatur 30 Grad. Bei einer stärkeren Erwärmung leidet die Ölqualität.

Kaltgepresstes Öl kann nach der eigentlichen Pressung noch nachbehandelt werden, damit es den Wünschen der Konsumenten besser entspricht. Die Behandlung beschränkt sich auf Waschen, Sedimentieren (Ölschlamm setzen lassen), Filtrieren und allenfalls Zentrifugieren. Für Kenner sind naturbelassene Öle ohne jede Nachbehandlung die besten. Und je schonender und naturnaher der Anbau, desto besser die Ölqualität. Deshalb sollte das Olivenöl mit Vorteil aus biologischen Oliven gepresst worden sein.

> Gemäß Recherchen werden heute fast alle Olivenöle kaltgepresst und stammen aus erster Pressung. Kaltpressung und erste Pressung sagen deshalb nicht mehr viel über die eigentliche Qualität eines Öls aus.

Frisches Öl beißt im Hals

Natives Olivenöl frisch ab Presse hat einen pfeffrigen Geschmack und beißt beim Degustieren im Hals (italienisch: pizzica la gola). Für Kenner ist es ein Prädikat für Frische und Qualität. Junges Öl ist von intensivem Geschmack; es wird durch die Lagerung milder. Allerdings spielt auch das Erntejahr eine Rolle; kein Jahrgang ist gleich wie der andere, genau wie beim Wein. Die Olivenbauern holen sich übrigens ihr Öl frisch ab Presse.

Die Handelsklassen

Das Olivenöl wird aufgrund seines Anteils an freien Fettsäuren in Handelsklassen eingeteilt. Je nach Qualitätsstufe darf das Öl raffiniert werden. Die EU hat Richtlinien erlassen, welche die Reinheit des Olivenöls festlegen. Sie werden in jüngster Zeit viel strenger überwacht, obwohl es nach wie vor gravierende Lücken geben soll.

Die EU-Verordnung von Juli 1991

1	Olivenöl extra nativ (extra-vierge)
2	Olivenöl nativ (vierge)
3	Olivenöl nativ gewöhnlich
4	Lampantöl
5	Raffiniertes Olivenöl
6	Olivenöl
7	Rohes Oliventresteröl
8	Raffiniertes Oliventresteröl
9	Oliventresteröl

DIE OLIVENÖLKUNST

Grossanne

Cailletier

Aglandeau

blühender Zweig

Olivenast

Olivenbaum

Olivenbehälter

Traditionelle Ernte

Seife

Ölpresse

Stehlampe XIX Jhrd

Hängelampe oder Bergbaulampe

Tonkrug

Glasflaschen

Tonbehälter

Öl- und Essigset Ende XVIII Jhrd

aus Silber und weisskristall

Gewürztes Öl

Aioli

L.D.

Olivenöl extra nativ (extra-vierge)

Höchste Qualitätsstufe. Je tiefer die Temperatur bei der Ölgewinnung, desto hochwertiger das Öl. Der Anteil an freien Fettsäuren beträgt max. 1%. Olivenöl mit dem Paneltest (siehe Seite 33) hat einen Säuregehalt von max. 0.6%. Der Säuregehalt wird deklariert: bei 0.2% handelt es sich um ein sehr hochwertiges Öl.

> **Die Qualität des Olivenöls wird vor allem durch die Olivensorte, die Bodenbeschaffenheit, das Klima, die Baumpflege, den Erntezeitpunkt und das Pressverfahren beeinflusst.**

Olivenöl nativ (vierge) (teilweise wird noch das Wort «fein» angefügt)

Der Gehalt an freien Fettsäuren darf max. 2% betragen. Auch beim nativen Öl handelt es sich um eine Topqualität.

Olivenöl nativ (vierge) gewöhnlich

Der Gehalt an freien Fettsäuren darf max. 3.3% betragen.

Lampantöl

Natives Olivenöl mit unangenehmem Geschmack oder natives Olivenöl mit mehr als 3.3% Fettsäuren muss als Lampantöl deklariert werden.

Raffiniertes Olivenöl

Aus nativem Öl durch Raffination gewonnen. Darf max. 0.5% freie Fettsäuren enthalten.

Olivenöl

Ein Verschnitt aus raffiniertem und nativem Öl; darf kein Lampantöl enthalten. Toleriert werden max. 1.5% freie Fettsäuren. Diese Ölqualität wird häufig in Supermärkten und Warenhäusern zu günstigem Preis angeboten. Der Ursprungsnachweis fehlt. Bei falscher Deklaration laufen die Olivenölproduzenten kaum Gefahr, bestraft zu werden.

Übrige Qualitätsstufen

Die übrigen Qualitätsstufen spielen im Detailhandel meines Wissens keine Rolle. Sehr oft werden sie zu Seife u. a. verarbeitet. Aus dem bei der Kaltpressung anfallenden Trester wird unter Einsatz von Extraktionsmitteln nochmals Öl gewonnen. Es dürfte in der Industrie Verwendung finden.

Tropf- oder Tröpfchenöl – das kostbarste Öl

Die Maische wird auf Pressmatten verteilt, und das Öl kann ohne Krafteinwirkung (Pressen) abfließen. Die Ölausbeute ist bei diesem Vorgehen sehr klein, was sich auf den Preis auswirkt. Tropföl ist eine echte Rarität und im Handel nur selten erhältlich.

GEWINNUNG DES OLIVENÖLS

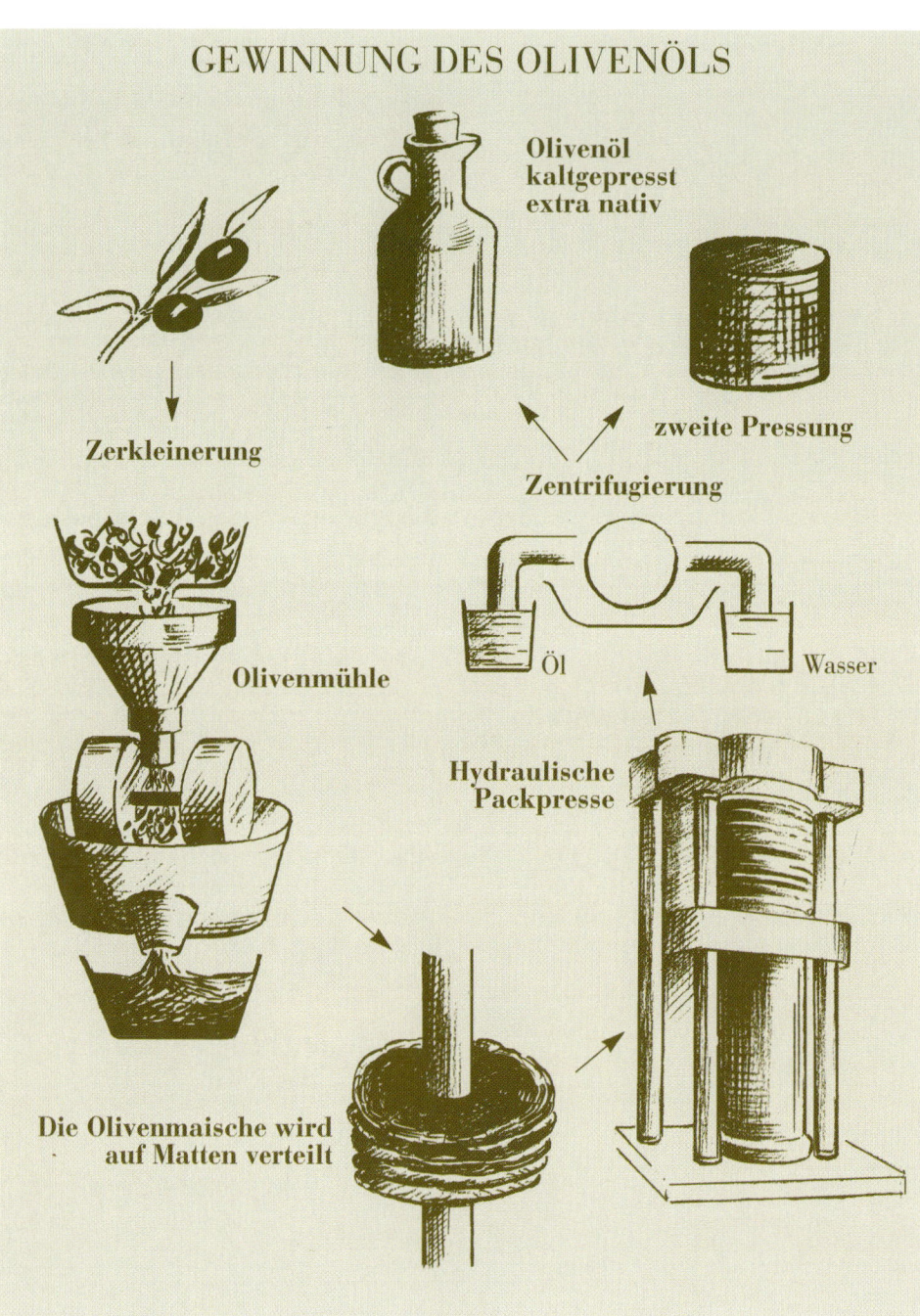

Olivenöl
kaltgepresst
extra nativ

Zerkleinerung

zweite Pressung

Zentrifugierung

Olivenmühle

Öl

Wasser

Hydraulische
Packpresse

Die Olivenmaische wird
auf Matten verteilt

D.O.C.-Qualität
(kontrollierter Ursprungsnachweis)

Kenner von Olivenöl wie auch Hersteller von qualitativ hochwertigem Olivenöl sind bestrebt, durch Nennung von Lage und Olivensorte ihr Öl zu schützen und ihm gleichzeitig ein Qualitätssiegel aufzudrücken, ähnlich einem guten Wein. Die Abkürzung D.O.C. steht für «Denominazione di origine controllata». D.O.C. ist in Italien seit 1992 gesetzlich geregelt. Diese Deklaration, ein Gütezeichen, wird natürlich nicht von allen Händlern gern gesehen. D.O.C. garantiert aber nicht nur die Richtigkeit des Ursprungsortes, Olivenöl extra nativ (extra-vierge) hat auch einen sehr tiefen Säuregehalt von max. 0,6% (anstatt der normalerweise zugelassenen 1%). In einem Markt, in dem es leider immer noch viele schwarze Schafe gibt, kann dieses Qualitätssiegel zusammen mit den bereits bestehenden Bio-Garantien für den Konsumenten eine zusätzliche Sicherheit bedeuten.

> **D.O.C. wird laut Auskunft von Fachleuten von den zuständigen Stellen noch zu wenig überprüft. Dies wäre zwingend notwendig, da sich jeder Produzent das Gütesiegel selber umhängen kann.**

Der Schwarzmarkt blüht

Wenn man bedenkt, dass im Jahr 1994 weltweit 155000 Liter Olivenöl mehr verbraucht als produziert worden sind, sollte man als Konsument hellhörig werden. Es ist ein offenes Geheimnis, dass 50% des toskanischen Olivenöls nicht aus der Toskana stammt, da dort gar nicht soviel Öl produziert wird. Produzenten und Kenner der Szene haben mir versichert, dass die Kontrollen verschärft worden sind. Der Schwarzmarkt mit Olivenöl blüht aber nach wie vor ...

Paneltest – eine moderne Qualitätskontrolle

Mit modernen Analysen kann man heute qualitativ einwandfreies Olivenöl von einer Fälschung unterscheiden. Leider sind diese Tests sehr teuer. Bei Bio-Olivenölen werden Herkunft und Produktionsmethoden regelmäßig von unabhängigen Stellen kontrolliert.

Für Olivenöl der Handelsklasse extra nativ (extra-vierge) gibt es nebst Prüfung des Fettsäuregehalts – er darf max. 0,6% anstatt der normalerweise tolerierten 1% betragen – seit 1992 den Paneltest. 10 professionelle Verkoster unterziehen das Öl einer strengen Prüfung. Olivenöl, das den Test nicht besteht, muss raffiniert werden. Eine seitens der EU verordnete Beurteilung von nativem Olivenöl durch Degustation ist seit 1996 wirksam.

Neues Pressverfahren – beste Qualität

In der italienischen Region Umbrien setzt eine Firma für die Gewinnung von Olivenöl und anderen kaltgepressten

Ölen ein neuartiges Verfahren ein. Gewisse Kreise erachten diese Produktionsmethode als absolutes Novum.

Das neue Mahl- und Pressverfahren unterscheidet sich in zwei Punkten grundsätzlich von der herkömmlichen Methode:

Das Mahlen

In traditionellen Ölmühlen dauert das Aufmahlen der Oliven 20 bis 30 Minuten. Da die Luft nicht «ausgeklammert» werden kann, kommt es zu Oxydationen. Beim neuen Verfahren dauert der äußerst schonende Mahlvorgang nur noch 30 Sekunden. So kann die Oxydation der freien Fettsäuren gar nicht erst einsetzen.

Das Pressen

Bei traditionellen Anlagen ist die Stempelpresse mit synthetischen Pressmatten ausgerüstet. Diese sind schwer zu reinigen und gefährden die Qualität des Öls. Neu wird das Öl unter hohem Druck in Chromstahlzylindern gepresst. Der dazu benötige Drainagefilter besteht aus zerkleinerten Olivenkernen, einem besonders widerstandfähigen Hartholz, das seine konservierenden Eigenschaften an das Öl weitergibt.

Der Arbeitsablauf

– die Ölfrüchte werden zertrümmert

– die Olivenpaste wird homogenisiert

– die Olivenpaste wird in den Drainagefilter gefüllt

– die Olivenpaste wird bei 600 bar mit Gegendruck gepresst

– der Presskuchen wird aufgebrochen und selektioniert

– das Olivenöl wird zentrifugiert

Während der Ölgewinnung beträgt die Temperatur gerade noch 25 Grad. Dieses Verfahren eignet sich auch für die Herstellung von Samenölen, wo die Temperatur auch bei Kaltpressung normalerweise bis auf 45 Grad steigen kann.

Der Produzent hebt vor allem das rasche Aufmahlen der Früchte hervor, was ein klarer Qualitätsvorteil ist. Auch die wertvollen Inhaltsstoffe bleiben unversehrt. Das Öl kann ohne Qualitätseinbusse bis 2 Jahre gelagert werden. Dies ist jedoch bei hochwertigem Olivenöl aus traditioneller Produktion auch gewährleistet. Für das mit dem neuen Pressverfahren gewonnene Öl werden nur Bio-Früchte und -Samen verwendet. Erhältlich ist das Öl unter der Bezeichnung «Crudingo» in Bioläden, Reformhäusern und Drogerien mit Reformsortiment.

Hochwertiges Olivenöl
hat seinen Preis

Ein qualitativ hochwertiges Olivenöl wird man nie geschenkt bekommen. Bei meinen Recherchen zu diesem Buch konnte ich z. B. von einem Ölproduzenten in Erfahrung bringen, dass der Großhändler für Olivenöl aus Italien je nach Produktionsregion pro Liter Fr. 12.– beziehungsweise DM 14,– bezahlt. Dieser Preis setzt sich wie folgt zusammen:

Für einen Liter Olivenöl braucht es 6 bis 7 kg Oliven. Für 1 kg Oliven aus biologischem Anbau bekommt der Bauer rund Fr. 1.–/DM 1,20. Dazu kommt der Importzoll für ausländische Öle von Fr. 1.92 (gilt für die Schweiz); in Deutschland und in Österreich gelten die EU-Bestimmungen. Damit sind wir bereits bei einem Preis von Fr. 8.92; jetzt fehlen noch der Transport und der Lohn in der Ölmühle (pro Liter rund Fr. 2.–/DM 2,20), womit wir bereits bei über Fr. 10.- sind. Hinzu kommen die Margen des Groß- und des Einzelhändlers, die ihre Unkosten für Lagerung, Abfüllung, Werbung und natürlich die Löhne decken müssen. Der Olivenölpreis ist selbstverständlich auch abhängig von der produzierten Menge und der Nachfrage.

Qualität vor Quantität

Beim Preis eines guten Öls sollte man sich immer wieder fragen, wieviel Öl man in der Küche überhaupt braucht. Hier sollte Qualität vor Quantität kommen. Und denken Sie daran, eine gute Flasche Wein hat auch ihren Preis!

Vergessen Sie nicht, dass ein Olivenbaum während Jahrzehnten aufwendig gepflegt werden muss, bevor er erste Früchte trägt. Ein Baum liefert pro Ernte durchschnittlich 20 kg Oliven. Je nach Erntezeitpunkt werden daraus 3,3 bis max. 5 Liter Öl gewonnen. Ein geübter Pflücker kann in der Stunde max. 10 kg Oliven ernten. Die arbeitsintensive Baumpflege und die Ernte machen übrigens 80% der Kosten für das Olivenöl aus. Oliven, die am Baum belassen werden, bis sie herunterfallen, eignen sich nicht für Olivenöl der Qualität extra nativ (extravierge).

PRODUKTIONSGEBIETE

Weltweit werden jährlich durchschnittlich zwei Millionen Liter Olivenöl hergestellt. Davon entfallen auf die afrikani-
schen Länder 200 000 Liter, auf Nord-,
Mittel- und Südamerika 12 000 Liter,
auf Syrien und die Türkei 200 000
Liter und die europäischen Länder
Frankreich, Italien, Griechenland, Por-
tugal und Spanien 1 500 000 Liter.

Die Produktion von Olivenöl konzentriert sich also auf die Mittelmeerländer.

Italien und Spanien sind mit je rund
500 000 bis bis 600 000 Litern Öl die
größten Produzenten.

Nach Auskunft eines spanischen Oli-
venölimporteurs in der Schweiz hat
Spanien 1997 zwischen 900 000 und
1 000 000 Liter Olivenöl produziert.

In Italien waren es 1997 rund 450 000
Liter, davon wurden allein in der Region Apulien 200 000 Liter produziert.
In Apulien gedeihen 45 Millionen Olivenbäume, in ganz Italien dürften es
125 Millionen sein. Unter den Mittel-

meerländern ist Italien klimatisch begünstigt, kann doch im Norden wie im Süden Olivenöl produziert werden. Hauptanbaugebiete sind aber Mittelitalien und Süditalien.

Italien ist nicht nur der größte Exporteur für Olivenöl, sondern auch der größte Importeur. Bezüglich Verbrauch stehen die Italiener an der Spitze. Die Drehscheiben für den Handel mit Olivenöl sind Neapel und die Toskana.

In der Toskana wurden laut Medienberichten 1996 rund 17 000 Liter Olivenöl produziert. 1997 waren die Erträge wesentlich kleiner. Toskana, Ligurien und Umbrien haben an der italienischen Produktion einen Anteil von etwa 10%. Wenn man weiß, wie begehrt das Öl aus dieser Region ist, dürfte nicht alles «toskanische Olivenöl» auch tatsächlich aus dieser Region stammen. Man vermutet, dass 50% des Olivenöls mit Billigimporten aus Spanien und Tunesien gestreckt wird. So konnte man

im Mai 1996 in den Medien lesen: «Millionengewinne dank gepanschtem Olivenöl», «Olivenöl extra nativ mit Haselnussöl gestreckt». Auch im Ökotest von 1995 war zu lesen: «Kaltgepresstes Olivenöl ist nicht nur lecker, sondern auch gesund. Doch in manchen Flaschen ist nicht drin, was drauf steht».

Einige Zahlen

In der EU entfallen 3,3% der gesamten landwirtschaftlichen Nutzfläche auf die Produktion von Olivenöl. Für 2 Millionen Menschen war sie 1992 Haupterwerb. Hinzu kommt, dass die Olivenkulturen auch eine wichtige ökologische Aufgabe erfüllen. Sie schützen ganze Landstriche vor der gefürchteten Erosion. Der Olivenbaum ist zudem äußerst anspruchslos; er wächst auch auf nährstoffarmem, schwer nutzbarem Boden. Gerade in Randregionen ist er für die Menschen einzige Einnahmequelle.

DIE OLIVENÖLSORTEN

Hier möchte ich einige empfehlenswerte Olivenöle vorstellen und interessante Informationen zu den entsprechenden Projekten liefern. Berücksichtigt wurden vor allem Olivenöle aus kontrolliert biologischem Anbau. Dieses Kapitel erhebt keinen Anspruch auf Vollständigkeit.

Da im biologischen Anbau die langfristige Erhaltung und Förderung der Bodenfruchtbarkeit im Mittelpunkt steht, ist es mir ein Anliegen, biologische Produkte zu fördern. Je mehr man über einen Produzenten weiß, wenn man ihn vielleicht sogar persönlich kennt, desto mehr schätzt man das Endprodukt, auch beim Olivenöl.

Griechenland – Kalamata

Die zum Teil über hundertjährigen Bäume wachsen auf sehr kargen und steinigen Terrassen auf einem Küstenstreifen im Süden der Peloponnes. Die Bäume holen ihre Nährstoffe und ihre Kraft in dieser Gebirgslandschaft aus der roten Tonerde. Die kleinen, robusten Bäume liefern die Olivensorte Koroneiki, aus der ein kräftiges, fruchtiges Öl gewonnen wird.

Das felsige Gelände ist für den Einsatz technischer Hilfsmittel kaum geeignet; die Bäume müssen in Handarbeit gepflegt und die Früchte von Hand gepflückt werden. Damit gilt: Lieber ein bisschen besser als ein bisschen mehr.

Da die Bäume auch nicht künstlich bewässert werden, behält das Öl sein typisches Aroma. Die Plantagen liegen fernab von Industrie, Schnellstraßen und umweltbelasteten Orten.

Die Olivenbäume des Peloponnes werden seit 1987 nach den Richtlinien des biologischen Landbaus gepflegt, und das Öl wird seit 1991 mit Bio-Zertifikat (Naturland) ausgezeichnet. Es handelt sich um das größte Bio-Anbauprojekt in Griechenland. Rund 25000 Liter Olivenöl werden jährlich gewonnen, wovon rund die Hälfte nach Deutschland exportiert wird. Mit diesem Projekt haben rund 120 Kleinbauernfamilien in fünf verschiedenen Bergdörfern Arbeit bekommen.

Die Oliven werden bei maximal 35 Grad gepresst. Zum Filtrieren wird ein Filter aus Baumwolle verwendet, und das Öl wird direkt in Flaschen abgefüllt. Es enthält weniger als 1% freie Fettsäuren. Das Öl hat in verschiedenen Tests mit ausgezeichneten Noten abgeschnitten. In der Zeitschrift «Stern» war es sogar eines der besten Olivenöle, und in Kärnten setzten es die Haubenköche 1995 auf den ersten Platz. Auch in einem Test der Stiftung Warentest im Jahr 1994 schnitt es mit dem Prädikat «sehr gut» ab.

Erhältlich:
in Bioläden und Reformhäusern.

Kreta – Vori

Für dieses biologische Olivenöl extra nativ werden die Oliven von Hand gepflückt und in der nahegelegenen Ölmühle in Vori gepresst. Geklärt wird das Öl durch «Absetzenlassen» der Trübstoffe; auf Filtration wird verzichtet. Reste von Trübstoffen geben dem Öl sein typisches Aroma.

Erhältlich: in Bioläden und Reformhäusern.
Vertrieb: über Naturata.

Italien – Nuovo Cilento

Die Bauern der Kooperative «Nuovo Cilento» in Salerno (Süditalien) haben mit Unterstützung des WWF im Jahr 1995 auf ökologischen Anbau umgestellt. Der gute Absatz über WWF macht den Bauern Mut, ihre Plantagen auch in Zukunft nach ökologischen Grundsätzen zu bewirtschaften. Das Projekt, das heute rund 140 Mitglieder umfasst, konnte eine von der Landflucht stark betroffene Region zu neuem Leben erwecken. Heute werden rund 1000 Hektaren Olivenhaine mit 60000 Olivenbäumen bewirtschaftet; davon 120 Hektaren biologisch – und es kommen jedes Jahr mehr dazu.

Im Oktober werden die noch grünen (unreifen) Oliven unter Einsatz von Traktoren von den Bäumen geschüttelt und in Netzen aufgefangen. Nur 6 Stunden verstreichen, bis die Früchte in der Ölmühle schonend gepresst werden. Das Öl hat nur 0,5% freie Fettsäuren.

Für biologisches Olivenöl erhalten die Bauern rund 11 000 Lire pro Liter (ca. Fr. 9.–/DM 11,–), für Öl aus konventioneller Produktion 8 000 Lire.

Rund die Hälfte der Jahresernte von 13 000 Litern wird in der Schweiz über den WWF verkauft.

Erhältlich: in WWF-Läden, über den WWF-Versand sowie in Bioläden.

Italien – Monti Nebrodi

Die Bauerngenossenschaft «Monti Nebrodi» ist ein Zusammenschluss kleiner Olivenbauern im Nordosten Siziliens. Das Olivenöl ist von kräftigem Geschmack und stark duftend, wie es für sizilianische Öle typisch ist.

Erhältlich:
in Bioläden und Reformhäusern.
Vertrieb: über Rapunzel.

Spanien – Nunez de Prado

Die Oliven wachsen in Andalusien auf einer Höhe von 550 m über Meer. Die reifen Früchte werden zwischen Ende November und Ende Januar von Hand gepflückt und in traditionellen Ölmühlen gepresst.

Laut Rotraud Degner (Olivenöl, Heyne Verlag) ist «Nunez de Prado» eines der besten 100 Olivenöle. Der Anteil an freien Fettsäuren beträgt 0,2%.

Vertrieb: über Rapunzel.

Italien – Bonefro (Nicola di Capua)

Wir befinden uns in der Umgebung des Dorfes Bonefro auf 600 m über Meer. Benefro liegt in den Abruzzen, in der Region Molise, einer hügeligen, bewaldeten und fast vergessenen, ärmlichen Region Italiens. Hier gibt es keine Industrie und deshalb auch kaum Arbeit.

In Bonefro wird das Öl aus halbwilden Bergoliven gewonnen. Es handelt sich um eine alte, ungekreuzte Olivensorte, die den Namen Nostrana trägt. Diese Sorte ist äußerst widerstandsfähig und trotzt der Kälte. Dank rauhem Klima sind in dieser Gegend Schädlinge ein Fremdwort. Es kann biologisches Öl produziert werden.

Die Olivenbäume von Nicola di Capua sind zum Teil vier- bis fünfhundert Jahre alt. Sein Vater und sein Onkel haben während des Zweiten Weltkrieges weitere Bäume gepflanzt. Auch Nicola hat in den achziger Jahren den Baumbestand verjüngt. Wenn seine Bäume das beste Olivenöl liefern werden, dürfte er schon betagt sein. Olivenbäume werden stets für die Nachkommen gepflanzt.

In Bonefro werden die Oliven kurz vor der Vollreife von Hand gepflückt und in traditionellen Mühlen (Steinmühlen) gepresst. Das Olivenöl wird unfiltriert abgefüllt. Aus Bonefro kommt eines der besten Olivenöle; es ist blumig, fruchtig, geschmeidig und aromatisch, mit einer eleganten Nussnote. Da ich Nicola und seine Lebenspartnerin Gabriela, eine wunderbare Sängerin, persönlich

kennenlernen durfte, schätze und ge-
nieße ich natürlich ihr Öl besonders.

Spezialitäten

Aromatisiertes Öl: Für Olivenöl al limo-
ne, al pompelmo und all'arancia werden
dem Pressgut 10% Zitronen, Grapefruits
oder Orangen aus biologischem Anbau
beigemischt. Beim Pressen der Maische
wird das Öl sanft parfümiert. Ich kann
diese Spezialitäten Anhängern von gutem Olivenöl nur empfehlen. Aromatisiertes Öl ist ideal für Carpaccio und
andere zarten Vorspeisen oder zum
Abschmecken von gegrilltem Fisch.

Tropföl: Ein äußerst kostbares, teures
Olivenöl, das ohne Pressung aus der
Maische abfließt. 375 ml/3,75 dl Tropf-
öl von Nicola da Capua kosten Fr. 60.–.
Das Jungfernöl wird vor allem als Heil-
mittel verwendet.

Erhältlich:
in Bioläden und Reformhäusern oder
Comestibles mit ausgewähltem Olivenöl-
sortiment. In der Schweiz Direktversand
über: Bonefro, Nicola da Capua, Ober-
dorfstrasse 32, 8424 Embrach; Telefon
01/865 29 29, Fax 01/865 70 80

Italien – Di Vito

Dieses vorzügliche Olivenöl stammt aus
der rauhen Gebirgsgegend der Abruzzen. Es ist ein mildes Öl von fruchtiger,
aromatischer Note.

Erhältlich in:
Bioläden und Reformhäusern.
Vertrieb: über Rapunzel.

Italien – Crudigno

Die Firma Chiappini beschreitet beim
Pressen der Oliven neue Wege (siehe
Seiten 31 – 33). Chiappini stellt nur
biologisches Öl her.

Erhältlich:
in Bioläden und Reformhäusern.

Italien – Biocampo

Biocampo bietet aus verschiedenen Provinzen Italiens Olivenöl aus kontrolliert
ökologischer Landwirtschaft an. Die
kleinen Ölmühlen befinden sich in un-
mittelbarer Nähe der Olivenbäume. Das
Olivenöl wird durch Absetzenlassen
geklärt und ohne weitere Verarbeitung
in Flaschen abgefüllt. Biocampoöle
haben einen niedrigen Fettsäuregehalt;
er liegt weit unter dem in Italien vorge-
schriebenen Wert für «Olivenöl extra
nativ».

Ligurien: Das Olivenöl stammt aus den
sanften Hügeln der italienischen Rivie-
ra. Hier wachsen unter den Olivenbäumen auch zahlreiche aromatische
Kräuter. Das Öl ist von hellgelber, leicht
trüber Farbe und hat einen unver-
wechselbaren Duft. Im Geschmack ist
es leicht süßlich und delikat. Es passt
ausgezeichnet zu Gerichten, deren Ei-
gengeschmack nicht überdeckt werden
soll. Da es sehr mild ist, kann es auch
bei empfindlichem Magen empfohlen
werden.

Latium: Aus den Hügeln Latiums, in
der Nähe von Rom. Ein kräftiges, wür-

zig delikates Öl. Es eignet sich für alle Zubereitungsformen, besonders aber für Pasta und Pizza.

Kalabrien: Das Öl stammt aus der südlichsten Ecke der italienischen Halbinsel. Es hat einen kräftigen Geschmack und erinnert an Früchte und Mandeln. Ideal für die Zubereitung kräftiger Speisen.

Sizilien: Ein Olivenöl von hellgrüner Farbe. Sein Duft und Geschmack erinnert an Mandeln und Gewürzkräuter. Das Öl wird von Feinschmeckern besonders geschätzt. Es ist die Krönung kalter mediterraner Gerichte. Ebenfalls ideal für Salate, Fisch, Gemüsegerichte und Pizzas.

Umbrien: Aus dem Herzen Etruriens. Es duftet nach Oliven, Mandeln und grünen Tomaten; harmonischer Geschmack. Ideal zu Rohkost und italienischen Spezialitäten.

Tropföl aus Ligurien: Für dieses Olivenöl werden nur 4 der 14 Olivensorten Liguriens verwendet. Das Öl wird vor dem Abfüllen in Flaschen einige Tage gelagert. Am besten genießt man es mit frischem Ziegenkäse, frischem Brot und reifen Oliven, zusammen mit einem Glas gutem Rotwein. Ein vollendeter Genuss!

Erhältlich:
in Bioläden und Reformhäusern und in der Schweiz auch bei Globus.

Ähnlich wie Wein hat naturbelassenes Olivenöl je nach Herkunftsregion sein eigenes, unverkennbares Aroma, das seine Persönlichkeit ausmacht. Der Konsument hat somit die Möglichkeit, unter den verschiedenen Geschmacksvarianten das Öl auszuwählen, welches seinen Vorlieben am besten entspricht.

Italien – Tre Mulini

Alles begann mit einer Flasche Olivenöl. In der Toskana wurde ein Hain verwilderter, teils mehrerer hundert Jahre alter Olivenbäume wieder bewirtschaftet. Die Erweiterung und Umstellung auf biologischen Landbau war die Geburtsstunde von «I Massi», einem hervorragenden biologischen Olivenöl.

Maremmen, «I Massi»: Die Hazienda, von der das biologische Olivenöl extra nativ stammt, liegt in einer typisch toskanischen Hügelzone am südlichen Rand der Provinz Pisa. Die Olivenbäume wachsen auf steinigem Boden. Erntezeit ist Ende Oktober/Anfang November, sobald die grünen Früchte sich schwarz verfärben. Die Bauern ernten von Hand, und zu Maische verarbeitet werden die Früchte nach alter Tradition mit großen Granitsteinen in den eigenen Mühlen. Das Öl wird nach dem Absetzenlassen ohne Filtration in Flaschen abgefüllt.

Maremmen, «Tre Colline»: Auch dieses Olivenöl extra nativ stammt aus der Provinz Pisa. Die Oliven der Sorten

Muraiola, Leccino, Frantoia und Pendolino werden von Bauern aus drei Dörfern angeliefert und schonend zu Öl verarbeitet.

Maremmen, «Lazzera»: Ein Olivenöl extra nativ der Sorte Lazzera.

Erhältlich:
in Bioläden und Reformhäusern.
Vertrieb:
Tre Mulini GmbH, Sandstrasse 2,
8003 Zürich, Telefon/Fax 01/461 52 50

Italien – ECO-Bio-Olivenöl

Das Öl wird von der Firma Sabo, Manno (Tessin), in der Schweiz, in Deutschland und auch in anderen Ländern verkauft. Das Öl stammt aus Italien. Als Kenner und Genießer guter Öle verkauft Herr Bardoni nur Öl aus kontrollierter Produktion. Seine Tochter weilt in Italien, wenn die Früchte geerntet werden und das Öl gepresst wird.

Italien – Laudemio

Eigentlich wollte ich mich in diesem Kapitel auf biologisches Öl beschränken. Aber als mir ein Freund und Kenner guter Öle ein «Laudemio» schenkte und ich es de-gustierte, schlug mein Herz sogleich höher. Das Öl stand tagelang auf meinem Schreibtisch während der Arbeit zu diesem Buch. Und Sie werden nun vielleicht lachen, aber es war zusammen mit geröstetem Brot oft meine Zwischenverpflegung. Daher wird es nun hier doch erwähnt.

Laudemio-Öle werden in einer auffälligen, kantigen Designer-Flasche verkauft. Das Öl stammt aus den Colli della Toscana Centrali, einer klimatisch günstigen Hügelzone. Die Produzenten verpflichten sich, nur die besten Olivensorten zu verarbeiten. Es gibt über 30 Produzenten und darunter auch einige Genossenschaften. Jede Flasche bekommt eine Nummer. Das Öl ist nicht gerade billig, aber ein Erlebnis, das man sich durchaus gönnen sollte.

Spanien – Columela

Dieses spanische Olivenöl extra nativ wird im Herzen Andalusiens aus handgepflückten Oliven hergestellt. Das Öl duftet nach Kräutern und hat einen intensiven Olivengeschmack; leicht bitterer Nachgeschmack. Der Anteil an freien Fettsäuren beträgt 0,2%. Es handelt sich um eines der besten spanischen Olivenöle, leider stammt es noch nicht aus biologischem Anbau.

DIE DEGUSTATION

Nur wer das Aroma seines Olivenöls kennt, kann mit ihm in der Küche richtig umgehen. Viele Menschen, vor allem nördlich der Alpen, bekunden Mühe, ein Öl zu degustieren und ihr Geschmackserlebnis in der Praxis richtig einzusetzen. Das Degustieren und Beurteilen von Olivenöl gehört in den mediterranen Ländern mit einer Olivenölkultur zum Alltag.

Darauf ist zu achten

Wir sollten gesund und fit sein und uns in jeder Beziehung wohlfühlen. Vor dem Degustieren weder Kaffee trinken noch etwas essen. Auf Parfüm verzichten. Auch Bonbons, Zigaretten oder Kaugummi beeinträchtigen unser Geschmacksempfinden. Olivenöl degustieren heißt, auf dem Weg eines der letzten Naturgeheimnisse zu wandeln. Das Öl erzählt uns seine Geschichte, fast ein heimliches Bekenntnis seiner Tugenden und Untugenden. Ich wünsche Ihnen viel Vergnügen beim Degustieren, vielleicht zusammen mit Freunden.

Die Praxis

– Vor dem Degustieren zum Neutralisieren des Gaumens einen Apfelschnitz essen.

– Das Öl sollte nach Möglichkeit ohne Beilage probiert werden.

Wer damit Mühe hat, kann es mit ein wenig frischem, möglichst neutralem, salzarmem, hellem Brot (Weißbrot) probieren. Nur so läßt sich der Geschmack unverfälscht prüfen.

– Das Öl wird zum Degustieren am besten in ein kleines Glas (Schnapsglas oder kleines Rotweinglas) gefüllt; dieses während einiger Minuten in der Hand halten, damit sich das Öl leicht erwärmen und sein Aroma besser entfalten kann.

– Nun wird das Öl zuerst mit der Nase geprüft, bevor man es möglichst pur oder eben mit einem Stück Brot degustiert und seine Wirkung im Gaumen beurteilt.

– Statt das Öl im Glas und in der Hand zu erwärmen, kann man auch einige Tropfen auf den Handrücken geben und daran riechen und auf der Zunge «zergehen» lassen.

Vor dem Kaufen probieren

Eigentlich sollte es eine Selbstverständlichkeit sein, dass wir gutes Olivenöl vor dem Kaufen degustieren können. Vielleicht kann ich mit diesem Buch die Verkäufer von Olivenöl dazu ermuntern, eine Olivenölbar einzurichten! Dem Fachhandel würde eine solche Dienstleistung sicher gut anstehen. Hinzu kommt natürlich auch die persönliche Beratung.

Ein hochwertiges Olivenöl schmeckt im Gaumen nie fettig. Es wirkt trocken, und das Fett wird von der Mundschleimhaut in kurzer Zeit resorbiert. Deshalb ist die Angst vor einem öligen Geschmacksempfinden beim Degustieren völlig unberechtigt.

Die Beurteilung eines Olivenöls extra nativ

Positiv

Frisch: Die Empfindung von gerade gepressten Früchten, die von einer mäßigen Menge Aromen herrührt.

Pikant: Leichtes Beißen, das in den ersten Monaten nach der Pressung normal ist; verschwindet nach dem Schlucken rasch. Diese Empfindung spricht für unversehrte, gesunde Früchte. Von Lai-en wird das leichte Beißen, auf italienisch «pizzica la gola», oft als schlechte Qualität beurteilt. Öl, das nach dem Pressen nicht beißt, ist nur kurze Zeit haltbar, max. 6 Monate.

Harmonisch: Duft und Geschmack sind im Gleichgewicht.

Fruchtig: Bezeichnet die Gesamtheit der Aromen, intensiv und stabil während des ganzen Jahres nach der Pressung.

Mild: Typisch für bestimmte Produktionsgebiete und Olivensorten. Das Aroma ist unaufdringlich.

Bitter: Das Öl wird im hinteren Gaumen als bitter empfunden. Dies ist in den ersten Monaten nach der Pressung häufig. Bleibt der bittere Geschmack auch einige Minuten nach dem Schlucken, ist dies negativ, verschwindet er nach kurzer Zeit, ist das als positiv zu werten.

Negativ

Ranzig: Wenn das Öl unangenehm nach reifer Melone oder Kürbis schmeckt, ist es infolge Lichteinfall, Wärme oder Oxydation vorzeitig gealtert.

Schimmel: Rührt von einer schlechten Lagerung der Oliven vor dem Pressen her.

Ölschlamm: Das Öl war mit dem natürlichen Bodensatz zu lange im Kontakt. Empfindung von Schmutz.

Unfein: Empfindung von fehlender Harmonie und Reinheit im allgemeinen. Sie rührt von der Pressung unterschiedlich reifer und nicht richtig gelagerter Oliven her.

Säuerlich-weinartig: Rührt von der Gärung angehäufter Oliven vor der Pressung her. Empfindung von Essig, adstringierend.

Aroma und Geschmack dürfen variieren

Das Olivenöl ist ein Naturprodukt. Naturbelassenes Öl wird von Jahr zu Jahr – ähnlich einem guten Wein – in Aroma und Geschmack leicht variieren. Wenn ein Olivenöl immer gleich schmeckt – und davon gibt es nicht wenige – war Menschenhand mit im Spiel. Der Produzent hat zwei oder auch mehrere Öle von unterschiedlichem Geschmack und unterschiedlichem Anteil an freien Fettsäuren gemischt. So kann ein langweiliges oder auch ein zu kräfti-

ges Aroma korrigiert werden. Raffinierten Ölen wird oft natives Olivenöl zur Geschmacksverbesserung für den typischen Olivenölgeschmack beigefügt.

Diese Faktoren beeinflussen die Qualität

Olivensorte	20%
Reifegrad der Oliven	30%
Extraktionsverfahren/ Pressverfahren	30%
Erntemethode (von Hand gepflückt oder mit der Maschine)	5%
Transportmittel	15%
Zeit zwischen Ernte und Pressung, Art der Lagerung der Früchte	10%

Quelle: MICO, Internationale Bewegung für die Olivenölkultur

Aromenvielfalt im Olivenöl

Die Aromen geben jedem Nahrungsmittel seinen typischen Geschmack. Die Aromastoffe sind im Olivenöl extra nativ mit ca. 1,1% vertreten. Sie bestehen hauptsächlich aus Antioxydantien und natürlichen Vitaminen. Ihr Gehalt wird bestimmt durch Klima, Bodenbeschaffenheit, Fruchtsorte, Gesundheitszustand der Früchte, Erntezeitpunkt und Pressmethode. Das Aroma des Olivenöls wird oft so umschrieben: riecht nach frisch geschnittenem Gras, Tomate, Artischocke, Mandel und Apfel.

VOM UMGANG MIT DEM GUTEN TROPFEN

Das Erhitzen

Dass ich ausgerechnet mit dem Erhitzen des Olivenöls beginne, hat seinen Grund. Es ist hinlänglich bekannt, dass kaltgepresstes Öl prädestiniert ist für die kalte Küche, da es in diesem Fall keinerlei Veränderungen, weder bezüglich Geschmack noch Inhaltsstoffen, erfährt.

Da sich das Olivenöl beim Erhitzen erstaunlich stark von anderen Ölen unterscheidet, kann es ohne weiteres in der warmen Küche verwendet werden. Das Olivenöl ist nämlich dank dem hohen Oleinsäuregehalt hitzestabil, und es entstehen im Gegensatz zu anderen kaltgepressten Ölen keine schädlichen Substanzen. Deshalb eignet sich das Olivenöl auch vorzüglich zum Braten und Backen und im Ausnahmefall sogar zum Fritieren. Dank idealer Zusammensetzung der Fettsäuren und dem hohen Anteil an Vitamin E sind auch bei sehr hohen Temperaturen (200 Grad) keine negativen Veränderungen zu erwarten. Selbst bei mehrmaligem Erhitzen entstehen kaum Oxydationssubstanzen. Eine Einschränkung gibt es trotzdem. Olivenöl der Klasse extra nativ und nativ ist zum Fritieren zu schade. Es gilt, in der warmen Küche einen Mittelweg zu finden. Man sollte weder ein Olivenöl erster Güte noch ein minderwertiges (raffiniertes) Öl verwenden. Und wem ein kostbares Öl in der warmen Küche zu schade ist, der aromatisiert die gekochten Speisen mit einigen Tropfen bestem Olivenöl.

Die Wahl des richtigen Öls

Da Olivenöl extra nativ je nach Herkunft sein typisches Aroma hat, sollte dies in der Küche berücksichtigt werden:

- Milde Öle sind ideal für leichte Salate, für die Zubereitung einer Mayonnaise und für feine Saucen.

- Kräftige Öle passen gut zu Pasta, Fleisch und Fisch und für die Zubereitung der berühmten Bruschetta, einem gerösteten Landbrot mit Tomaten und Olivenöl.

- Leicht süßliche Öle eignen sich am besten zum Dünsten und Schmoren von Gemüse, für Tomaten und zum Grillen.

- Tropföle sind das Pünktchen auf dem «i», ideal für Carpaccio aus Fleisch oder Gemüse und für Fischgerichte.

Welches Olivenöl man wofür verwendet, bleibt aber immer noch jedem Koch/jeder Köchin überlassen. Je länger man in der Küche mit diesen Köstlickheiten experimentiert, desto mehr Fingerspitzengefühl wird man entwickeln. Ein Olivenölfan wird immer eine Auswahl haben. Man trinkt ja auch nicht zu jedem Essen den gleichen Wein!

Das Aufbewahren und Lagern

Das Olivenöl wird vor Licht geschützt in dunklen Flaschen oder in Kanistern stehend gelagert. Die ideale Temperatur liegt bei 14 bis 16, maximal jedoch 20 Grad. Das Olivenöl nicht im Kühlschrank aufbewahren, da es ausflockt und vor Verwendung jedesmal wieder Zimmertemperatur annehmen muss.

Hochwertiges Olivenöl der Klasse extra nativ und nativ lässt sich mindestens 12 Monate ab Abfülldatum ohne Geschmackseinbusse lagern. In Italien schreibt das Gesetz eine Mindesthaltbarkeit von 18 Monaten vor. Ein gutes Olivenöl kann ohne weiteres 2 Jahre ab Herstellungsdatum gelagert werden. Ich hatte Gelegenheit, ein vierjähriges Öl zu degustieren, das noch absolut einwandfrei war. Die Haltbarkeit ist stark abhängig vom richtigen Erntezeitpunkt der Früchte und der optimalen Pressung. Je niedriger der Gehalt an freien Fettsäuren, desto besser und länger lässt sich das Öl bei einer konstanten Temperatur von 15 Grad lagern.

Die beste «Verpackung» für hochwertiges Olivenöl ist dunkles Glas und ein Verschluss aus Naturkork. Bei durchsichtigen Glasflaschen besteht die Gefahr, dass das Öl bei Lichteinfall leidet, wie man bei Qualitätstests immer wieder feststellen musste. Ungeeignet sind Gebinde aus Kunststoff.

Geöffnete Flaschen sollten nach Gebrauch raschmöglichst wieder verschlossen werden; das verhindert einen Aroma- und Geschmacksverlust und schützt vor Fremdgerüchen.

Der Kauf ist Vertrauenssache

Gutes Olivenöl kauft man am besten im Fachgeschäft. Ideal ist, wenn man die verschiedenen Öle degustieren kann.

Die Etikette sollte folgende Informationen enthalten:

Zwingend aufgedruckt

– Inhalt, z. B. Olivenöl extra nativ

– Hersteller oder Abfüller (in Italien schreibt das Gesetz die Nennung des Abfüllers vor)

– Nettoinhalt
– empfohlenes Verbrauchsdatum

Empfohlen als Zusatz

– Aufbewahrungshinweis
– Produktionsjahr
– Ursprungsbezeichnung (Herkunft)
– Olivensorte
– Anbaumethode, z.B. aus biologischem Anbau)
– Erntemethode (von Hand gepflückt); wenn nichts steht, wurden die Früchte maschinell gepflückt
– Extraktionsverfahren: z.B. Kaltpressung, Erstpressung usw.
– Geschmacksbeschrieb
– Verwendungszweck

DIE SPEISEOLIVE

Die zum Essen bestimmte Olive unterscheidet sich von der Ölolive meist nur durch ihre Größe. Sie wird je nach Verarbeitungsart unreif als grüne oder reif als schwarze Olive gepflückt. Die frische Olive ist ohne vorherige Behandlung ungenießbar. Sie enthält Bitterstoffe, welche der Frucht erst durch längeres Einlegen in Wasser oder in eine Salz-Essig-Lake entzogen werden können.

Je nach Betrieb werden die Oliven unterschiedlich verarbeitet. Häufig kommen die frisch gepflückten Früchte in eine Salzlösung, man kann sie auch 24 Stunden in reichlich Meersalz einlegen.

Danach werden sie eingeschnitten und zwecks Entbitterung in eine Essig-Salz-Lösung oder in reines Wasser eingelegt. Beides muss alle 14 Tage gewechselt werden. Durch das Einlegen werden die Oliven einer Gärung unterzogen. Nach dem Entbittern kommen die Früchte zusammen mit aromatischen Zutaten wie Kräutern, Knoblauch und Pfefferschoten in hochwertiges Olivenöl. Auch das Konservieren in einer Salzlake ist möglich.

Die populärere Art, Speiseoliven genießbar zu machen, ist das Entbittern in einer Sodalösung. Die Früchte werden danach je nach gewünschter Geschmacksintensität einige Monate bis zu einem Jahr in Tonkrügen oder in Plastiktonnen zusammen mit Gewürzen in Öl eingelegt. Diese Oliven enthalten übrigens oft Zusätze von Konservierungsmitteln und teilweise auch Farbstoffen. Der Kauf von biologischen Oliven lohnt sich deshalb bestimmt.

Die Speiseoliven werden meist nach ihrem Herkunftsland benannt. Es gibt hunderte von Olivensorten. Allgemein gelten die griechischen und die italienischen Oliven als die besten. Aber auch Frankreich und Spanien haben gute Speiseoliven anzubieten. Eine sehr bekannte und gute Frucht kommt auch aus Griechenland, aus der Region von Kalamata.

Die Inhaltsstoffe

ca. zwei Drittel Wasser

ca. ein Viertel Fett

wenig Eiweiß

kleine Mengen Kalzium, Phospor, Kalium und Magensium

in Spuren Zink, Eisen, Kupfer und Mangan

Mineralsalze

Oliven aufbewahren

Wer in Salzwasser eingelegte Oliven offen kauft oder ein angebrochenes Glas nicht sofort aufbrauchen will, kann die Früchte in einem Steinguttopf mit Deckel mit Olivenöl bedecken und ohne Kühlung problemlos längere Zeit lagern. Für zusätzliche Würze sorgen Knoblauch, Pfefferschoten und Kräuter. Mindestens 2 bis 3 Wochen gut durchziehen lassen.

Ich habe in Südfrankreich auf einem Töpfermarkt einen Oliventopf gekauft, in dem ich die verschiedensten Oliven im Öl aufbewahren kann. So habe ich stets eine bunte Mischung von Früchten vorrätig, die ich bei Besuch auch zum Aperitif servieren kann.

Oliven entsteinen

Am besten entsteint man die Oliven mit einem Olivenentsteiner, den man in Frankreich und Italien kaufen kann. Oder man probiert es bei großen Oliven mit einem Kirschenentsteiner.

Schwarze Oliven lassen sich je nach Sorte auch ganz gut von Hand mit einem Küchenmesser entsteinen.

Bei grünen Oliven ist das Entsteinen von Hand relativ aufwendig, da die Oliven ja noch nicht richtig reif sind und sich das Fleisch daher nur schwer vom Stein lösen lässt.

REZEPTE

AUSTERNPILZE PROVENÇALE

- 350 g Tomaten
- 400 g Austernpilze
- 3 EL Olivenöl extra nativ
- 2 Knoblauchzehen, fein gehackt
- 2 Zwiebeln, fein gehackt
- 1 TL Provencekräuter
- 250 ml/2,5 dl Weißwein oder Gemüsebrühe
- 1 TL Rotweinessig
- Meersalz
- Pfeffer aus der Mühle
- 2 EL fein gehackte Petersilie

1. Die Tomaten an der Spitze kreuzweise einschneiden. In einem Schaumlöffel in kochendes Wasser tauchen, bis sich die Haut zu lösen beginnt. Die Früchte schälen und den Stielansatz entfernen, würfeln.

2. Die Austernpilze putzen und in Streifen schneiden.

3. Knoblauch, Zwiebeln und und Tomaten im Olivenöl andünsten. Die Provencekräuter beifügen und etwa 3 Minuten mitdünsten. Austernpilze, Weißwein und Rotweinessig dazugeben, aufkochen und auf kleinem Feuer 10 Minuten köcheln lassen. Mit Salz und Pfeffer abschmecken. Die Petersilie unterrühren.

Tipp: Als warme Vorspeise servieren.

TOSKANISCHER BROTSALAT

- 800 g altbackenes Weiß- oder Ruchbrot
- 3 rote Zwiebeln, in feinen Scheiben
- 2 Knoblauchzehen, fein gehackt
- 500 g Tomaten

Sauce
- 2 EL Balsam- oder Rotweinessig
- Pfeffer aus der Mühle
- Kräutermeersalz
- 6 EL Olivenöl extra nativ
- reichlich frische Petersilie und Basilikum

1. Das Brot in Scheiben schneiden und etwa 5 Minuten im Wasser einweichen, gut ausdrücken und mit der Gabel zerpflücken.

2. Die Tomaten je nach Größe vierteln oder achteln, den Stielansatz entfernen. Die Petersilie fein hacken, das Basilikum fein schneiden.

3. Brot, Zwiebeln und Knoblauch mit der Sauce mischen. 15 Minuten ziehen lassen. Zusammen mit den Tomaten auf Tellern anrichten.

Abbildung oben:
Austernpilze provençale
Abbildung unten:
Toskanischer Brotsalat

MEERESFRÜCHTESALAT MIT OLIVEN UND RUCOLA

- 400 g gemischte Meeresfrüchte
- 400 g festkochender Fisch,
  z. B. Petersfisch oder Meerwolf,
  gewürfelt
- 50 g schwarze Oliven, entsteint
- je 1 roter und gelber Gemüse-
  paprika/Peperoni
- 2 mittlere Tomaten
- wenig Stauden-/Stangensellerie
- 50 g Rucola/Rauke

  Sauce
- 1 Zitrone, Saft
- ½ EL Balsamessig
- Meersalz
- Pfeffer aus der Mühle
- 6 EL Olivenöl extra nativ
- 1 Knoblauchzehe

1. Die Meeresfrüchte und die Fischwür-
fel im Dämpfeinsatz 5 bis 10 Minuten
garen. Abkühlen lassen.

2. Den Gemüsepaprika halbieren, den
Stielansatz und die Kerne entfernen.
Die Fruchthälften in Quadrate schnei-
den. Die Tomaten vierteln oder achteln.
Den Staudensellerie in feine Scheiben
schneiden.

3. Die Sauce zubereiten, die Knoblauchzehe dazupressen.

4. Sämtliche Zutaten, außer der Rucola,
mit der Sauce mischen. Einige Zeit marinieren.

5. Kurz vor dem Servieren den klein
geschnittenen Rucola untermischen.

Abbildung hinten:
Meeresfrüchte griechische Art,
Rezept Seite 70
Abbildung vorn:
Meeresfrüchtesalat mit Oliven
und Rucola

SÜSSER ORANGENSALAT «NICOLA»

- 4 süße Orangen
- 1–2 EL Akazienhonig
- 1–2 EL Olivenöl extra nativ

1. Die Orangen mit einem scharfen Messer großzügig schälen, auch die weißen Häutchen entfernen. Die Früchte quer in feine Scheiben schneiden, entkernen und halbieren.

2. Die Orangenscheiben auf Teller verteilen. Mit dem Honig einpinseln und dem Olivenöl beträufeln. 10 Minuten marinieren.

Tipp: Als Dessert servieren.

LÖWENZAHNSALAT MIT KNOBLAUCHCROÛTONS

- 4 Hand voll junge Löwenzahnblätter oder Rucola/Rauke
- 1 Schalotte, fein gehackt

Sauce
- 2 EL Apfel- oder Weißweinessig
- Meersalz
- Pfeffer aus der Mühle
- 4 EL Olivenöl extra nativ

Croûtons
- 2 Scheiben Vollkorntoastbrot
- 2 EL Olivenöl extra nativ
- 2 Knoblauchzehen

1. Den Löwenzahn gründlich waschen.

2. Für die Vinaigrette die Zutaten verrühren.

3. Die Rinde beim Toastbrot wegschneiden und das Brot klein würfeln. Die Brotwürfelchen zusammen mit dem durchgepressten Knoblauch im Olivenöl langsam braten.

4. Den Salat mit der Sauce mischen, anrichten. Die Brotwürfelchen darüber streuen.

Tipp: Eine Hand voll schwarze Oliven unter den Salat mischen. Nach Belieben mit Oliven bereichern. Dazu schmeckt hervorragend frischer italienischer Ziegenfrischkäse.

GRIECHISCHER BAUERNSALAT

- je 2 rote und grüne Gemüse-paprika/Peperoni
- 4 Tomaten
- 1 Freilandgurke
- 2 Stängel Stauden-/Stangen-sellerie
- 2 kleine Zwiebeln
- 200 g griechischer Schafskäse
- 100 g schwarze Oliven

  Sauce
- 2 EL Weißweinessig oder Zitronensaft
- Meersalz
- Pfeffer aus der Mühle
- Oregano
- 4–6 EL Olivenöl extra nativ

1. Die Gemüsepaprika halbieren, den Stielansatz und die Kerne entfernen. Die Fruchthälften in Quadrate schnei-den. Die Tomaten vierteln und den Stiel-ansatz entfernen. Die Gurke ungeschält in Scheiben schneiden. Die Zwiebel in feine Scheiben schneiden.

2. Das vorbereitete Gemüse und die Zwiebeln mit der Sauce mischen.

3. Den Salat auf Teller verteilen. Mit dem Feta und den Oliven garnieren.

Tipp: Für eine leichte sommerliche Mahl-zeit mit Rosmarinfladen, Seite 99, oder Bruschetta, Seite 102, servieren.

FENCHEL-CARPACCIO

- 2 Fenchelknollen
- 1/2 Zitrone, Saft
- 5 EL Olivenöl extra nativ
- Meersalz

1. Die ganzen Knollen quer in feine Scheiben schneiden und auf einer Platte anrichten. Mit dem Zitronensaft und dem Olivenöl beträufeln. Mit wenig Salz würzen.

Abbildung «Griechischer Bauernsalat» (linke Spalte), Seite 96

PIKANTER ORANGEN-OLIVEN-SALAT

- 4 süße Orangen
- 10 entsteinte schwarze Oliven
- 100 g Mozzarella, vorzugsweise aus Büffelmilch, klein gewürfelt
- Pfeffer aus der Mühle
- 1 Prise Meersalz
- 2 EL Olivenöl extra nativ

1. Die Orangen mit einem scharfen Messer großzügig schälen, auch die weißen Häutchen entfernen. Die Früchte quer in feine Scheiben schneiden, die Kerne entfernen, auf Tellern anrichten. Die Oliven halbieren, zusammen mit den Mozzarellawürfelchen auf die Orangenscheiben verteilen. Mit Pfeffer und Salz würzen. Mit dem Olivenöl beträufeln. Variante: Für dieses Rezept eignen sich auch Zitronen.

Abbildung Seite 63

ROHKOST MIT OLIVEN-PAPRIKA-DIP

- Rohkost
  Stauden-/Stangensellerie, Gemüsepaprika-/Peperoni-streifen, Zucchinischeiben oder -stängel, Möhren-/Karotten-stängel, Gurkenscheiben oder -stängel, schwarze und grüne Oliven, Tomaten

Oliven-Paprika-Dip
- 1 grüner oder roter Gemüse-paprika/Peperoni
- 100 g entsteinte schwarze Oliven
- 50 ml/0,5 dl Olivenöl extra nativ
- 1 EL Zitronensaft
- 1 EL gehacktes Basilikum
- Pfeffer aus der Mühle
- Meersalz

1. Den Gemüsepaprika halbieren, Stielansatz und Kerne entfernen. Die Fruchthälften klein würfeln.

2. Sämtliche Zutaten für den Dip mit dem Stabmixer zu einer homogenen Paste verarbeiten. Je nach gewünschter Konsistenz mit Olivenöl verflüssigen.

Tipp: Mit Rosmarin- oder Olivenfladen, Seite 99 servieren. Auch Focaccia (italienisches Brot), Bauernbrot oder Baguette passen dazu.

Abbildung:
Rohkost mit Oliven-Paprika-Dip

STEINPILZ-FENCHEL-SALAT

- 1 großer Fenchel
- 200 g Steinpilze
- 2 EL Olivenöl extra nativ
- 1 Knoblauchzehe
- Meersalz
- Pfeffer aus der Mühle
- Balsamessig
- Olivenöl extra nativ, zum Beträufeln
- gehackter Kerbel

1. Den Fenchel mit dem Gemüsehobel fein hobeln. Auf 4 Teller verteilen.

2. Die Steinpilze mit einem trockenen oder leicht feuchten Tuch abreiben und putzen. In Streifen schneiden. Eine Gusseisenpfanne oder eine nicht klebende stark erhitzbare Bratpfanne aufheizen. Die Pilze zusammen mit dem Öl in die Pfanne geben und unter ständigem Bewegen 4 bis 5 Minuten braten. Den durchgepressten Knoblauch unterrühren. Mit Salz und Pfeffer leicht würzen. Noch warm auf dem Fenchel anrichten. Mit Balsamessig und Olivenöl beträufeln. Mit dem gehackten Kerbel garnieren.

Abbildung: Steinpilz-Fenchel-Salat

GEMÜSEROHKOST ITALIANA

- 1 Fenchel
- je 1 roter und grüner Gemüse-paprika/Peperoni
- 1 mittlerer Zucchino oder 2 kleinere Zucchini
- 2 Tomaten
- 1 kleiner Radicchio/Cicorino rosso
- 2 Stängel Stauden-/Stangensellerie

Sauce
- 4–5 EL Apfelessig oder je 3 EL Kräuter- und Apfelessig
- 8–10 EL Olivenöl extra nativ
- Meersalz
- Pfeffer aus der Mühle

1. Den Fenchel längs halbieren und quer in feine Streifen schneiden. Die Gemüsepaprika längs halbieren, den Stielansatz und die Kerne entfernen, quer in feine Streifen schneiden. Die Tomaten vierteln, den Stielansatz entfernen. Den Radicchio in die einzelnen Blätter zerlegen.

2. Das Gemüse auf einer Platte anrichten. Die Sauce separat servieren.

Tipp: Mit Bruschetta, Seite 102, servieren.

FRANZÖSISCHER BAUERNSALAT

- 250 g grüne Bohnen
- 2 Freilandeier
- 1 Kopfsalat
- je 1 gelber, grüner und roter Gemüsepaprika/Peperoni
- 1 große rote Zwiebel
- 4 mittlere Tomaten
- 8 in Öl eingelegte Artischockenherzen
- 200 g schwarze und grüne Oliven, eventuell entsteint
- 6 Sardellenfilets, gehackt
- 1 Dose Thunfisch, zerpflückt

Sauce
- 2–4 EL Rotweinessig
- Meersalz
- Pfeffer aus der Mühle
- 6–8 EL Olivenöl extra nativ
- Basilikum, fein geschnitten
- Petersilie, fein gehackt
- 2 Knoblauchzehen

1. Die Bohnen putzen und im Dampf knackig garen. Unter kaltem Wasser abschrecken. Die Eier schälen und vierteln. Bei den Tomaten den Stielansatz herausschneiden, in Spalten schneiden. Den Kopfsalat in die einzelnen Blätter zerlegen, in Streifen schneiden. Den Gemüsepaprika halbieren, den Stielansatz und die Kerne entfernen, quer in feine Streifen schneiden. Die Zwiebel in feine Scheiben schneiden.

2. Für die Sauce Essig, Salz, Pfeffer und Olivenöl verrühren. Die Kräuter unterrühren. Den Knoblauch dazupressen.

3. Bohnen, Kopfsalat, Gemüsepaprika, Zwiebeln, Sardellen und Thunfisch mit der Sauce mischen.

4. Den Salat auf Tellern anrichten. Garnieren mit den Eiern, Tomaten, Artischockenherzen und Oliven.

Abbildung oben:
Pikanter Orangen-Oliven-Salat,
Rezept Seite 59
Abbildung unten:
Französischer Bauernsalat

KNOBLAUCHZEHEN IN OLIVENÖL

- 20 große Knoblauchzehen

- Apfelessig
- Olivenöl extra nativ
- Meersalz
- Pfeffer aus der Mühle
- getrockneter Oregano

1. Die Knoblauchzehen schälen und 2 Minuten in kochendem Salzwasser blanchieren. Das Wasser abgießen und die Knoblauchzehen trocknen lassen.

2. Zum Einlegen eine Mischung aus $^{1}/_{3}$ Essig und $^{2}/_{3}$ Olivenöl zubereiten. Mit Salz, Pfeffer aus der Mühle und getrocknetem Oregano würzen. Den Knoblauch mindestens 5 Tage einlegen.

Tipp: Zu Raclette, für Vorspeisen oder für Salate verwenden.

GEBRATENE AUBERGINEN MIT KRÄUTERN

- 2 mittlere Auberginen, ca. 500 g
- Meersalz
- reichlich frische Kräuter, z. B. Oregano, Petersilie, Basilikum
- 3 Knoblauchzehen
- 6–8 EL Olivenöl extra nativ
- ca. 3 EL Balsamessig
- Pfeffer aus der Mühle

1. Die Auberginen beidseitig kappen. Die Früchte längs in 5 mm dicke Scheiben schneiden und auf ein Küchentuch legen. Mit wenig Salz bestreuen, rund 10 Minuten ziehen lassen.

2. Die Kräuter und den Knoblauch fein hacken.

3. Die Auberginenscheiben trocknen und in einer nicht klebenden Bratpfanne im Olivenöl beidseitig braten. In einem Sieb abtropfen lassen.

4. Die Auberginenscheiben auf einer Platte anrichten. Mit Balsamessig, Olivenöl und Pfeffer abschmecken. Die Kräuter und den Knoblauch darüber streuen.

Tipp: Als Vorspeise servieren oder für ein kaltes Buffet verwenden.

GEFÜLLTE KRÄUTERPILZE

- 12 große Champignons

- 1 Zwiebel, fein gehackt
- 1–2 Knoblauchzehen
- 4 EL Olivenöl extra nativ
- ½ Bund glatte Petersilie, fein gehackt
- ½ Bund Basilikum, fein gehackt
- frischer Thymian, fein gehackt
- 30 g Vollkornbrotbrösel oder geriebene Mandeln
- Kräutermeersalz
- Pfeffer aus der Mühle

1. Die Champignons mit einem trockenen Tuch abreiben. Nach Möglichkeit nicht waschen. Die Stiele herausdrehen und für eine Suppe verwenden. Die Pilzhüte in eine geölte ofenfeste Form legen.

2. Für die Füllung die gehackten Zwiebeln und den durchgepressten Knoblauch im Olivenöl andünsten. Die gehackten Kräuter dazugeben und kurz mitdünsten. Die Brotbrösel untermischen. Würzen. In die Pilze füllen.

3. Die gefüllten Pilze im vorgeheizten Ofen bei 220 Grad 15 bis 20 Minuten backen.

Tipp: Zusammen mit Naturreis und Salat reichen die Pilze für 2 Personen als Hauptgericht.

GURKEN MIT ZIEGENKÄSE GEFÜLLT

- 2 mittlere Freilandgurken

Füllung
- 1 mittlere Möhre/Karotte
- 2 kleine Frischkäse aus Ziegenmilch (Buscon)
- 1 EL Naturjogurt
- Thymian und Schnittlauch, fein geschnitten
- Olivenöl extra nativ
- Meersalz

1. Die Gurken schälen, vierteln und längs halbieren. Mit einem Löffel aushöhlen, das Gurkenfleisch für eine kalte Suppe verwenden.

2. Die Möhre mit der Bircher-Rohkostreibe fein reiben. Den Ziegenkäse mit der Gabel zerdrücken. Sämtliche Zutaten für die Füllung zu einer Paste vermengen. Mit Olivenöl und Meersalz abschmecken. Die Gurken damit füllen.

Tipp: Als kalte Vorspeise oder an heißen Sommertagen mit Brot als leichte Mahlzeit servieren.

CROSTINI MIT TOMATEN UND RUCOLA

- 500 g Fleischtomaten
- 1 Handvoll Rucola/Rauke
- ½ Bund frisches Basilikum

- 400 g Vollkorn- oder Schwarz-/ Ruchbrotscheiben
- 3 Knoblauchzehen
- Kräutermeersalz
- Pfeffer aus der Mühle
- Olivenöl extra nativ

1. Die Tomaten an der Spitze kreuzweise einschneiden. In einem Schaumlöffel in kochendes Wasser tauchen, bis sich die Haut zu lösen beginnt. Die Früchte schälen, den Stielansatz entfernen. Die Tomaten fein hacken und in einem Chromstahlsieb 30 Minuten abtropfen lassen. Den Saft für eine Suppe auffangen.

2. Die Rucola und das Basilikum fein schneiden, mit den gehackten Tomaten mischen.

3. Die Brotscheiben mit Knoblauch einreiben und im Ofen bräunen.

4. Den Tomatenhack auf die getoasteten Brotscheiben verteilen. Mit Salz und Pfeffer würzen und mit wenig Olivenöl beträufeln.

FRISCHER ZIEGENKÄSE IN OLIVENÖL

- 600 g frischer Ziegenkäse
- Kräuter und Oliven, nach Belieben
- 1–2 Knoblauchzehen
- 600–700 ml/6–7 dl Olivenöl extra nativ

1. Den Ziegenkäse zusammen mit den Kräutern, den Oliven und dem Knoblauch in ein Einmachglas geben. So viel Olivenöl dazugießen, dass der Käse gut bedeckt ist. 2 Tage marinieren.

Tipp: Der Ziegenkäse ist so unwiderstehlich gut, dass er nie alt wird. Zu Salat oder gerösteten Brotscheiben servieren.

Abbildung hinten:
Bunter Crostini-Teller
Abbildung vorn:
Frischer Ziegenkäse in Olivenöl

ZUCCHINI-SCHAFSKÄSE-RÖLLCHEN

- 2–3 Zucchini

  Füllung
- 125 g frischer Schafs- oder Ziegenkäse
- 1 Knoblauchzehe, durchgepresst
- 5 Basilikumblätter, fein gehackt
- 1 Prise abgeriebene Zitronenschale
- 5 entsteinte schwarze oder grüne Oliven, fein gehackt
- Pfeffer aus der Mühle
- Kräutermeersalz

  Zitronenvinaigrette
- 1 Zitrone, Saft
- 1 Prise Meersalz
- Pfeffer aus der Mühle
- 4 EL Olivenöl extra nativ

- frisches Basilikum oder Basilikumblüten, für die Garnitur

1. Die Zucchini mit dem Gemüsehobel oder der Brotschneidemaschine in sehr dünne Längsstreifen schneiden. Im Dampf kurz blanchieren.

2. Für die Füllung sämtliche Zutaten verrühren. Abschmecken.

3. Die Käsepaste auf die Zucchinistreifen streichen, aufrollen.

Tipp: Zucchiniröllchen mit der Vinaigrette als Vorspeise servieren.

Variante: Auberginenscheiben füllen.

Abbildung oben:
Paprikaschiffchen mit Spinat-Ricotta-Füllung, Rezept Seite 71
Abbildung unten:
Zucchini-Schafskäse-Röllchen

AUBERGINENPÜREE

- 2 mittlere Auberginen, ca. 700 g
- Meersalz
- 2 EL Olivenöl extra nativ

- 2–3 EL Olivenöl extra nativ
- Pfeffer aus der Mühle
- 2 Knoblauchzehen

1. Die Auberginen beidseitig kappen und in Würfel schneiden, in eine Gratinform geben. Leicht salzen und das Olivenöl darüber träufeln. Die Auberginenwürfel im vorgeheizten Ofen bei 200 Grad etwa 20 Minuten schmoren, bis sie sehr weich sind. Ab und zu wenden.

2. Die Auberginenwürfel mit einer Gabel zerdrücken oder mit dem Stabmixer pürieren. Abschmecken mit Olivenöl, Pfeffer und frisch gepresstem Knoblauch.

Tipp: Das Auberginenpüree als Dip, Brotaufstrich, mit Petersilie bestreut als Vorspeise oder zu Salat servieren. Passt auch ausgezeichnet zu gebratenem Fisch. Das Originalrezept: Die ganzen Auberginen werden im Ofen neben das Feuer gelegt, wo sie rund 40 Minuten schmoren, bis sie sehr weich sind. Die Früchte längs halbieren, das Fleisch herauskratzen und in eine Schüssel geben. Mit Olivenöl, Salz, Knoblauch und wenig Pfeffer würzen. Das Ganze mit einer Gabel gut zerdrücken und vermengen. Als Antipasto servieren.

MEERESFRÜCHTE GRIECHISCHE ART

- 600 g gemischte Meeresfrüchte, z. B. Garnelen, Langustinen-schwänze, Kalamare

Zum Panieren
- 1 Freilandei
- 1 Knoblauchzehe
- Rosmarinnadeln, fein gehackt
- Thymian und Salbei, fein geschnitten
- Meersalz
- Pfeffer aus der Mühle
- Vollkornmehl

- Olivenöl nativ, zum Braten

Sauce
- 4–6 EL Olivenöl extra nativ
- 1–2 Knoblauchzehen
- 1 Prise Meersalz

1. Die Meeresfrüchte unter fließendem kaltem Wasser waschen. Trocken tupfen.

2. Verquirltes Ei, durchgepressten Knoblauch und Kräuter mischen. Mit Salz und Pfeffer würzen.

3. Die Meeresfrüchte zuerst im Mehl, dann im Ei wenden. Im mäßig heißen Olivenöl braten.

4. Mit der Sauce servieren.

Abbildung Seite 55

PAPRIKASCHIFFCHEN MIT SPINAT-RICOTTA-FÜLLUNG

- 1 EL Olivenöl extra nativ
- 1 Knoblauchzehe
- 1 kleine Zwiebel, fein gehackt
- 200 g Blattspinat
- 150 g italienischer Ricotta oder abgetropfter Vollmilchquark
- Meersalz
- Pfeffer aus der Mühle
- ½ Bund Basilikum
- je 2 rote und gelbe Gemüse-paprika/Peperoni

  Garnitur
- Zitronenscheiben
- schwarze Oliven

1. Den durchgepressten Knoblauch und die fein gehackten Zwiebeln im Öl andünsten. Den gut abgetropften Spinat dazugeben und zusammenfallen lassen. Anschließend fein hacken.

2. Den Spinat und den Ricotta vemengen. Mit Salz und Pfeffer würzen. Das fein geschnittene Basilikum untermischen.

3. Den Gemüsepaprika halbieren, den Stielansatz und die Kerne entfernen. Die Fruchthälften vierteln.

4. Die Spinat-Ricotta-Füllung in die Paprikavertiefungen füllen. Mit Zitronenspalten und Oliven garnieren.

AUSTERNPILZE

- 500 g Austernpilze
- 4–5 EL Olivenöl extra nativ
- Meersalz
- Pfeffer aus der Mühle

1. Die Austernpilze putzen und auf ein mit Olivenöl eingeöltes Blech legen. Mit Salz und Pfeffer würzen und mit wenig Olivenöl beträufeln.

2. Die Pilze im vorgeheizten Ofen bei 180 Grad rund 30 Minuten schmoren, bis sie weich sind. Mit frischem Olivenöl beträufeln. Ein Hochgenuss!

Tipp: Als Vorspeise servieren.

Abbildung «Paprikaschiffchen mit Spinat-Ricotta-Füllung» Seite 69

SALBEIBLÄTTER IM AUSBACKTEIG

- 20–30 große Salbeiblättter

Teig
- 2 Freilandeier
- 1 EL Olivenöl extra nativ
- ½ TL Meersalz
- 150 g Dinkelruch- oder Vollkornmehl
- 125 ml/1,25 dl Wasser oder Bier

- Olivenöl nativ zum Braten

1. Sämtliche Zutaten für den Teig glatt rühren. 15 bis 30 Minuten quellen lassen.

2. Die Salbeiblätter einzeln in den Teig tauchen und im Olivenöl ausbacken. Mit wenig Salz würzen.

Tipp: Zum Aperitif oder zu einem Glas Wein servieren.

Variante: Zum Ausbacken eignen sich auch Zucchinischeiben, ganze Pilze wie Champignons, Austernpilze oder Pfifferlinge.

FRITIERTER SPARGEL

- 400–500 g grüner Spargel
- 4 EL Olivenöl extra nativ
- 4 Freilandeier
- 1 EL geriebener Parmesan
- Meersalz
- Pfeffer aus der Mühle
- 1 Msp Chilipulver

1. Das untere Drittel beim Spargel schälen und die Schnittstelle kappen. Den Spargel in 3 cm lange Stücke schneiden und in einer nicht klebenden Pfanne im Olivenöl auf kleinem Feuer dünsten.

2. Die Eier mit dem Parmesan verrühren. Würzen. Den Eierguss über den Spargel gießen und stocken lassen. Vorsichtig wenden und fertig braten.

Tipp: Mit einem knackigen Saisonsalat servieren.

Abbildung auf Platte vorn:
Salbeiblätter im Ausbackteig;
auf Platte hinten:
gegrilltes Sommergemüse
Abbildung vorn:
Aioli-Knoblauch-Mayonnaise,
Rezept Seite 106

KÜRBISAUFLAUF PROVENÇALE

- 1 kg Moschuskürbis (Muscade de Provence oder Butternut)
- 100 ml/1 dl Olivenöl extra nativ
- 1 Zwiebel, fein gehackt
- 1 grüner Gemüsepaprika/ Peperoni, klein gewürfelt
- 4 geschälte Tomaten, gewürfelt

Guss
- 2 Freilandeier
- 200 g/2 dl süße Sahne/Rahm
- 150 g geriebener Parmesan oder Pecorino
- 5 EL Vollkornbrotbrösel
- Kräutermeersalz
- Pfeffer aus der Mühle
- reichlich frische Kräuter wie Thymian und Rosmarin, fein gehackt
- 50 g entsteinte schwarze Oliven

1. Den Kürbis schälen und entkernen, in mittlere Würfel schneiden. Die Kürbiswürfel in 2 Esslöffeln Olivenöl andünsten, dann in eine geölte ofenfeste Form füllen und leicht salzen.

2. Die gehackten Zwiebeln und die Gemüsepaprikawürfelchen in einer Bratpfanne im restlichen Olivenöl andünsten. Die Tomatenwürfel kurz mitdünsten. Alles mit den Kürbiswürfeln vermengen.

3. Aus den Eiern und der süßen Sahne einen Guss zubereiten. Die Hälfte Käse untermischen. Mit Salz und Pfeffer abschmecken. Über den Kürbis gießen.

4. Den restlichen Käse mit den Brotbröseln und den Kräutern mischen. Über den Kürbis verteilen. Die Oliven darüber streuen.

5. Den Auflauf im vorgeheizten Ofen bei 200 Grad 35 bis 45 Minuten backen.

Abbildung hinten:
Kürbisauflauf provençale
Abbildung vorn:
Pilzpizza mit Rucola,
Rezept Seite 100

TOSKANISCHER BOHNENEINTOPF

- 250 g große weiße Bohnen/ Saubohnen
- 1 TL Meersalz

- 1 Zwiebel
- 1 Zucchino
- 2 Kartoffeln
- 2 EL Olivenöl extra nativ
- Meersalz
- Pfeffer aus der Mühle
- 1 Zweiglein Thymian
- 2 EL Tomatenpüree
- 300 ml/3 dl Gemüsebrühe
- reichlich fein gehackte Petersilie
- 2 EL Olivenöl extra nativ

1. Die Bohnen über Nacht in kaltes Wasser einlegen. Am nächsten Tag zusammen mit frischem Wasser und dem Salz aufkochen, auf mittlerem Feuer zugedeckt weich kochen, etwa 75 Minuten. Abgießen.

2. Die Zwiebel fein hacken, den Zucchino würfeln. Die Kartoffeln klein würfeln.

3. Die gehackten Zwiebeln im Olivenöl andünsten. Die Zucchiniwürfel dazugeben und kurz mitdünsten. Die Kartoffelwürfelchen beifügen. Mit Salz und Pfeffer würzen. Die gezupften Thymianblättchen und das Tomatenpüree unterrühren. Mit der Gemüsebrühe angießen, aufkochen und auf kleinem Feuer 10 Minuten köcheln lassen. Die Bohnen dazugeben und weiterköcheln lassen, bis die Kartoffeln gar sind.

4. Den Bohneneintopf mit der gehackten Petersilie und dem Olivenöl abschmecken.

GEFÜLLTE AUBERGINEN

- 4 Auberginen, ca. 1 kg
- Olivenöl extra nativ

- 300 g Champignons
- 1 EL Olivenöl extra nativ
- 1/2 Bund glatte Petersilie, fein gehackt
- 4 Pfefferminzblättchen, fein gehackt, nach Belieben
- 1 Knoblauchzehe
- 2–3 Freilandeier
- 50 g Weißbrot ohne Rinde, zerpflückt
- 75 g entsteinte schwarze Oliven
- Meersalz
- Pfeffer aus der Mühle
- Brotbrösel

1. Die Auberginen beidseitig kappen, der Länge nach halbieren. Das Fruchtfleisch gitterartig einschneiden. In eine ofenfeste Form legen und sparsam mit Salz würzen, mit dem Olivenöl beträufeln. Die Auberginenscheiben im vorgeheizten Ofen bei 200 Grad 30 bis 40 Minuten backen. Das Fleisch soll weich sein.

2. Die geputzten und klein gehackten Champignons im Olivenöl dünsten, bis keine Flüssigkeit mehr vorhanden ist. Die gehackten Kräuter zusammen mit dem durchgepressten Knoblauch unterrühren.

3. Das Auberginenfleisch aus der Schale kratzen, ohne diese zu verletzen.

4. Das Fruchtfleisch zerkleinern und mit den Pilzen mischen. Das Ganze etwas abkühlen lassen, dann die verquirlten Eier, das zerpflückte Brot und die gehackten Oliven beifügen. Mit Salz und Pfeffer abschmecken. Die Masse in die Auberginenhälften füllen und mit der Gabel gut andrücken. Mit wenig Olivenöl beträufeln und den Brotbröseln bestreuen.

5. Die gefüllten Auberginen 15 bis 20 Minuten bei 180 Grad überbacken. Heiß servieren.

Tipp: Mit einem Saisonsalat oder Naturreis servieren. Gut schmeckt dazu auch die Paprikasauce, Seite 109.

LORBEERKARTOFFELN

- 8 mittlere Kartoffeln
- frische oder getrocknete Lorbeerblätter
- Kräutermeersalz
- Olivenöl extra nativ
- Kräutermeersalz

1. Die Kartoffeln schälen und im Abstand von ca. 1 cm mit dem Messer so einschneiden, dass sie nicht auseinanderfallen. Die Lorbeerblätter zerkleinern und in die Vertiefung stecken. Mit Salz bestreuen und Olivenöl beträufeln.

2. Die Kartoffeln im vorgeheizten Ofen bei 220 Grad rund 40 Minuten backen.

3. Vor dem Servieren mit wenig Olivenöl beträufeln.

Tipp: Mit Salat oder Gemüse und der Paprikasauce, Seite 109, servieren.

Variante: Statt Lorbeerblätter können auch Salbeiblätter verwendet werden.

GEBACKENER SEEBARSCH MIT ZITRONENSAUCE

- 1 Seebarsch, ca. 800 g, küchenfertig
- Meersalz
- 3–4 Rosmarinzweige
- 2 Zitronen, in Scheiben
- 2 EL Olivenöl extra nativ
- Meersalz

Zitronensauce
- 1 Zitrone, Saft
- Pfeffer aus der Mühle
- Meersalz
- 100 ml/1 dl Olivenöl extra nativ
- 2 EL gehackte Petersilie

1. Den Fisch unter fließendem kaltem Wasser innen und außen waschen. Trocknen. Wenig Salz in den Bauch streuen, mit den abgestreiften Nadeln eines Rosmarinzweiges füllen. Den Fisch in eine eingeölte ofenfeste Form legen. Mit Olivenöl beträufeln und den Rosmarinzweigen und Zitronenscheiben belegen. Die Form mit Alufolie schließen.

2. Den Fisch im vorgeheizten Ofen bei 180 Grad rund 20 Minuten dünsten. Die Folie entfernen und weitere 5 bis 10 Minuten backen.

Die Zitronensauce separat servieren.

Abbildung Seite 108

GEMÜSETERRINE NAPOLI

- 4–5 mittlere Zucchini
- 2 EL Olivenöl extra nativ
- Meersalz
- Pfeffer aus der Mühle

- 400 g Auberginen
- 3 EL Olivenöl extra nativ
- 500 g gelber Gemüsepaprika/ Peperoni
- 6 Freilandeier
- 8 große Basilikumblätter

1. Die Zucchini beidseitig kappen. Mit dem Gemüsehobel oder von Hand in Längsrichtung in feine Streifen schneiden. Die Zucchinistreifen im Olivenöl in einer nicht klebenden Pfanne kurz dünsten. Auf Küchenpapier ausbreiten. Mit Salz und Pfeffer würzen.

2. Eine Terrinenform oder eine längliche Glasform mit wenig Olivenöl einpinseln und mit Klarsichtfolie auskleiden. Die Zucchinistreifen quer in die Form legen, sie sollen sich leicht überlappen. Wenn die Terrine am Schluss gedeckt werden soll, braucht es 2 Streifen, die sich am Boden überlappen.

3. Die Auberginen beidseitig kappen, klein würfeln. Die Auberginenwürfelchen im Olivenöl weich dünsten.

4. Den Gemüsepaprika im Ofen auf höchster Stufe oder auf Grillstufe rösten, bis die Haut Blasen wirft. Aus dem Ofen nehmen und mit einem feuchten Tuch bedecken, etwas abkühlen lassen. Die Früchte schälen, halbieren, den Stielansatz und die Kerne entfernen, in Quadrate schneiden. Im Olivenöl weich dünsten.

5. Das gedünstete Gemüse getrennt mit je 3 Eiern im Mixer pürieren. Würzen.

6. Das Auberginenpüree in die Form füllen und glatt streichen. Mit Basilikumblättern belegen. Mit dem Paprikapüree auffüllen. Die Zucchinistreifen darüberlegen.

7. Die Gemüseterrine in eine große ofenfeste Form stellen. Bis auf $2/3$ Höhe mit warmem Wasser füllen. Im vorgeheizten Ofen bei 180 Grad 60 bis 90 Minuten pochieren. Garprobe machen.

Tipp: Die Terrine mit einer kalten Tomatensauce und mit Salat servieren.
Zum Verschenken: Ein schönes Mitbringsel für eine Einladung. Auch ideal für ein kaltes Buffet.

KARTOFFELPÜREE MIT OLIVEN

- 1 kg mehlige Kartoffeln
- ½ l Milch
- Meersalz
- Pfeffer aus der Mühle
- geriebene Muskatnuss
- Olivenöl extra nativ
- 15 entsteinte schwarze Oliven, fein gehackt

1. Die geschälten Kartoffeln würfeln und im Dampf sehr weich kochen.

2. Die Milch erhitzen. Die Kartoffeln in das Passetout/Passevite geben und direkt in die Milch drehen. Gut rühren. Das Kartoffelpüree würzen und mit Olivenöl abschmecken. Die gehackten Oliven untermischen.

Tipp: Mit Gemüse servieren.

Zum Rezept: Ein sehr schmackhaftes und interessantes Rezept, das ich der «Olivenzytig» von Tre Mulini entnommen habe.

SEETEUFEL AUF OLIVEN- LAUCH-GEMÜSE

- 10 große entsteinte grüne Oliven, grob gehackt
- 2 EL Pinienkerne, grob gehackt
- 2 Salbeiblätter
- 2 EL Olivenöl extra nativ
- 800 g Lauch, in Scheiben
- etwas Petersilie, fein gehackt

- 600 g Seeteufel in Scheiben
- ½ Zitrone, Saft
- Kräutermeersalz
- Pfeffer aus der Mühle
- 2 EL Olivenöl extra nativ

1. Oliven, Pinienkerne und Salbei im Öl andünsten. Den Lauch dazugeben und mitdünsten. Eventuell etwas Wasser beifügen. Die Petersilie untermischen.

2. Den Seeteufel einige Minuten mit dem Zitronensaft marinieren. Mit Kräutersalz und Pfeffer würzen. Im Öl beidseitig 3 bis 4 Minuten braten.

3. Den Seeteufel zusammen mit dem Oliven-Lauch-Gemüse auf vorgewärmten Tellern anrichten.

Tipp: Mit Kartoffeln oder Naturreis servieren.

Abbildung:
Seeteufel auf Oliven-Lauch-Gemüse

GEFÜLLTE TOMATEN SICILIANA

- 4 große Tomaten

- 2 EL Olivenöl extra nativ
- 1 Zwiebel, fein gehackt
- 2 Knoblauchzehen, fein gehackt
- ½ Bund glatte Petersilie, fein gehackt
- ½ Zitrone, Saft
- 100 g Sardinen, gehackt
- 50 g entsteinte schwarze Oliven, in Streifchen
- 2 EL gehackte Kapern
- 2 EL Olivenöl extra nativ
- 4 EL Vollkornbrotbrösel
- 4 EL geriebener Parmesan oder Pecorino
- Meersalz
- Pfeffer aus der Mühle

1 Den Tomaten an der Spitze einen Deckel abschneiden, die Früchte sorgfältig aushöhlen. Das Fruchtfleisch für eine Sauce verwenden.

2. Zwiebeln und Knoblauch im Olivenöl andünsten. Die Petersilie kurz mitdünsten. Den Topf von der Wärmequelle nehmen und die restlichen Zutaten unterrühren. Abschmecken mit Meersalz und Pfeffer aus der Mühle. In die Tomaten füllen.

3. Die gefüllten Tomaten in eine geölte ofenfeste Form stellen. Im vorgeheizten Ofen bei 180 Grad 30 Minuten backen. Tipp: Mit Blattsalat und Risotto servieren.

Abbildung oben:
Peperonata siciliana, Rezept Seite 89
Abbildung unten:
Gefüllte Tomaten siciliana

GEDÜNSTETER MEERWOLF

für 2 Personen
- 2 Meerwolf, je ca. 300 – 400 g, küchenfertig
- frische Kräuter wie Thymian, Oregano, Rosmarin, gehackt
- 4 mittlere Tomaten
- 80 g entsteinte schwarze Oliven
- 2 Knoblauchzehen
- 100 ml/1 dl Weißwein
- 2 EL Olivenöl extra nativ
- Meersalz

1. Die Fische unter fließendem kaltem Wasser innen und außen waschen. Trocknen. Einen Teil der Kräuter in den Fischbauch füllen.

2. Die Tomaten an der Spitze kreuzweise einschneiden. In einem Schaumlöffel in kochendes Wasser tauchen, bis sich die Haut zu lösen beginnt. Die Früchte schälen, vierteln, Stielansatz entfernen.

3. Die vorbereiteten Fische in eine mit Olivenöl eingepinselte feuerfeste Form legen. Tomatenviertel, Oliven, Knoblauch und restliche Kräuter dazugeben. Mit dem Weißwein und dem Olivenöl angießen. Leicht salzen. Die Form mit Alufolie schließen. Im vorgeheizten Ofen bei 220 Grad 20 Minuten dünsten. Die Fische nach halber Garzeit wenden.

4. Den Meerwolf auf vorgewärmten Tellern anrichten. Tomaten und Oliven dazugeben. Mit Olivenöl beträufeln.

KÜRBISPÜREE MIT OLIVENÖL

- 1 Moschuskürbis oder Potimarron, ca. 2 kg
- 4 Knoblauchzehen
- 7 EL Olivenöl extra nativ
- Meersalz
- Pfeffer aus der Mühle

1. Vom Kürbis einen Deckel abschneiden. die Kerne und die Fasern entfernen. Den Kürbis auf ein Backblech stellen und im vorgeheizten Ofen bei 240 Grad 30 bis 40 Minuten backen, bis das Fleisch weich ist. Das Fleisch muss trocken sein, eventuell etwas länger backen. Das Kürbisfleisch auskratzen.

2. Den durchgepressten Knoblauch in 2 Esslöffeln Olivenöl andünsten. Das Kürbisfleisch dazugeben und unter Rühren zu einem festen Brei einkochen lassen. Mit Olivenöl verfeinern und mit Salz und Pfeffer abschmecken.

Tipp: Das noch warme Püree mit geröstetem Brot oder als Beilage zu Fleisch oder Fischgerichten servieren. Das Püree kann aber auch mit Olivenstückchen, Gemüsepaprikwürfelchen usw. verfeinert werden und als Dip z. B. mit Rohkost serviert werden.

Abbildung:
Gedünsteter Meerwolf

ROHES GEMÜSE-SPIESSCHEN

- 1 roter Gemüsepaprika/
  Peperoni
- 2 Zucchini
- 150 g Käse nach Wahl,
  z. B. italienischer Ziegenkäse
  oder Mozzarella
- 1 Bund Schnittlauch
- wenig frischer Thymian

  Sauce
- 2 EL Rotweinessig
- 1 TL Senf
- 1 EL Ketchup (fakultativ)
- 2 EL Rotweinessig
- Meersalz
- Pfeffer aus der Mühle
- 4 EL Olivenöl extra nativ
- 1 Knoblauchzehe

1. Den Gemüsepaprika halbieren, den Stielansatz und die Kerne entfernen. In Quadrate schneiden. Die Zucchini beidseitig kappen, in Längsrichtung mit dem Gemüsehobel oder von Hand in dünne Scheiben schneiden. Den Käse würfeln.

2. Gemüsepaprika, Käsewürfel und gerollte Zucchinistreifen abwechslungsweise auf Holzspießchen reihen. Mit Schnittlauch und Thymian bestreuen.

3. Für die Sauce sämtliche Zutaten verrühren. Den Knoblauch dazupressen. Die Sauce separat servieren.

Tipp: Ideal für einen sommerlichen Grillplausch. Als Beilage Brot oder Ofenkartoffeln servieren.

AUBERGINENFÄCHER MIT TOMATEN

- 4 mittlere Auberginen
- Meersalz
- reichlich frische Kräuter, z. B. Thymian, Rosmarin, Basilikum
- 4 Knoblauchzehen
- Olivenöl extra nativ
- 4 mittlere Tomaten, in Scheiben
- Pfeffer aus der Mühle
- Kräutermeersalz
- 150 g Mozzaralla, in Scheiben

1. Die Auberginen beidseitig kappen und der Länge nach fächerartig aufschneiden, so dass sie am Stielansatz noch zusammenhalten. Leicht auseinander drücken. Die Scheiben salzen und 15 Minuten Wasser ziehen lassen.

2. Die Kräuter und die Knoblauchzehen fein hacken, mit Olivenöl zu einer Paste verrühren.

3. Die Auberginen in eine große Gratinform legen. Die Kräuterpaste auf die Schnittstellen verteilen. Die Tomatenscheiben dazwischen legen. Mit Pfeffer und Kräutersalz würzen.

4. Die Auberginenfächer im vorgeheizten Ofen bei 200 Grad rund 45 Minuten schmoren, bis sie sehr weich sind. Am Schluss nach Belieben mit den Mozzarellascheiben überbacken.

Abbildung Seite 93

PEPERONATA SICILIANA

- 3 bis 4 Gemüsepaprika/ Peperoni, gemischt
- 3 EL Olivenöl extra nativ
- 1 Zwiebel, fein gehackt
- 1 Knoblauchzehe, fein gehackt
- 4 getrocknete Tomaten, fein gewürfelt
- 2 EL schwarze Oliven
- 300 ml/3 dl Wasser
- Pfeffer aus der Mühle
- Kräutermeersalz
- $1/2$ Bund glatte Petersilie, fein gehackt
- wenig Olivenöl extra nativ

1. Den Gemüsepaprika halbieren, den Stielansatz und die Kerne entfernen, in Quadrate schneiden.

2. Zwiebeln und Knoblauch im Olivenöl andünsten. Gemüsepaprika, Tomaten und Oliven beifügen. Mit dem Wasser angießen, aufkochen und 12 bis 15 Minuten auf kleinem Feuer köcheln lassen. Mit Salz und Pfeffer würzen.

3. Kurz vor dem Servieren die fein gehackte Petersilie untermischen. Mit wenig Öl abschmecken.

Tipp: Passt zu Polenta, Reis, Lammfleisch und Fisch.

Abbildung Seite 84

HÄHNCHEN MIT GEMÜSERAGOUT UND OLIVEN

- 1 Freilandhähnchen/-poulet
- Meersalz
- Pfeffer aus der Mühle
- 1 Msp Paprikapulver
- Provencekräuter
- 8 EL Olivenöl extra nativ
- 1 mittelgroße Zwiebel
- 1 Knoblauchzehe
- 2 Möhren/Karotten
- je 1 gelber und grüner Gemüse-paprika/Peperoni
- 500 g neue Kartoffeln
- 150–200 g schwarze Oliven
- 200 ml/2 dl Gemüsebrühe oder Weißwein

1. Die Zwiebeln vierteln, die Knoblauch-zehe hacken. Die Möhren in Scheiben schneiden. Die Gemüsepaprika halbie-ren, den Stielansatz und die Kerne ent-fernen, in Quadrate schneiden. Die Kartoffeln längs vierteln.

2. Salz, Pfeffer, Paprika und Provence-kräuter mit 3 Esslöffeln Öl verrühren. Das Hähnchen damit einpinseln. In eine feuerfeste Form legen und im vorge-heizten Ofen bei 180 Grad 20 bis 25 Minuten braten.

3. Zwiebeln, Knoblauch, Möhren, Gemü-sepaprika und Kartoffeln im restlichen Öl andünsten, würzen. Zusammen mit den Oliven zum Hähnchen geben. Mit dem Weißwein und der Gemüsebrühe angießen. Das Ganze rund 40 Minuten schmoren lassen, bis das Gemüse und die Kartoffeln gar sind.

GEMÜSERISOTTO
MIT OLIVEN

- 200 g Rundkorn-Naturreis
- ½ l Wasser
- 1 Lorbeerblatt

  Gemüse
- 1 Zwiebel
- 1 Knoblauchzehe
- 2 EL Olivenöl extra nativ
- 300 g Spinat
- 400 g grüner Spargel
- 200 g Brokkoliröschen
- ca. 300 ml/3 dl Gemüsebrühe
- 12 grüne Oliven
- Meersalz
- Pfeffer aus der Mühle
- wenig Weißwein
- frisch geriebener Parmesan

1. Den Reis zusammen mit dem Wasser und dem Lorbeerblatt aufkochen, 15 bis 20 Minuten auf kleinem Feuer köcheln lassen. Auf der ausgeschalteten Wärmequelle zugedeckt 30 bis 40 Minuten nachquellen lassen. Das Lorbeerblatt entfernen.

2. Zwiebel und Knoblauch fein hacken.

3. Den Spinat im Dampf zusammenfallen lassen, zum Abtropfen in ein Sieb geben.

4. Beim Spargel das untere Drittel schälen, die Schnittstelle kappen. Die Spitzen auf 4 bis 5 cm kürzen, den Rest in Scheiben schneiden. Den Brokkoli in Röschen brechen.

5. Zwiebeln und Knoblauch im Olivenöl andünsten, die Spargelscheiben und die Brokkoliröschen beifügen. Mit der Gemüsebrühe angießen. 5 Minuten köcheln lassen. Die Spargelspitzen beifügen und nochmals 5 Minuten köcheln lassen. Spinat, Reis und Oliven untermischen. Aufkochen. Mit Salz und Pfeffer abschmecken. So viel Gemüsebrühe oder Weißwein beifügen, dass es einen feuchten Risotto gibt. Mit Parmesan und Olivenöl verfeinern.

Abbildung oben:
Gemüserisotto mit Oliven
Abbildung unten:
Auberginenfächer mit Tomaten,
Rezept Seite 89

NUDELN MIT BROKKOLI UND OLIVEN

- 500 g Brokkoli
- 350 g Bandnudeln oder Spagetti
- 1 Zwiebel, fein gehackt
- 1 EL Olivenöl extra nativ
- 100 g entsteinte schwarze Oliven
- 2 EL Kapern
- Meersalz
- Pfeffer aus der Mühle
- 2 EL fein gehackte Petersilie
- 2 EL geriebener Pecorino

1. Den Brokkoli in Röschen brechen und im Dampf knackig garen. Unter kaltem Wasser abschrecken.

2. Die Nudeln in reichlich Salzwasser al dente kochen. Mit wenig Olivenöl mischen.

3. Die Zwiebeln im Olivenöl andünsten. Brokkoli, Oliven und Kapern dazugeben und kurz mitdünsten. Mit Salz und Pfeffer abschmecken. Petersilie, Nudeln und Pecorino untermischen.

SPAGETTI MIT KNOBLAUCH UND PEPERONCINI

- 400–500 g Spagetti

- 4 Knoblauchzehen
- wenig rote Pfefferschote/ Peperoncino
- 8–10 EL Olivenöl extra nativ
- 1 Bund glattblättrige Petersilie, fein gehackt
- Meersalz
- Pfeffer aus der Mühle
- 1 kleine rote Pfefferschote/Peperoncino

1. Den Knoblauch fein hacken. Die Pfefferschote halbieren, entkernen (ergibt ein milderes Aroma) und in feine Streifen schneiden.

2. Die Spagetti in reichlich Salzwasser al dente kochen.

3. Den gehackten Knoblauch im mäßig warmen Olivenöl andünsten. Sobald er sich gelb verfärbt, die Pfefferschotenstreifchen dazugeben und mitdünsten. Ganz am Schluss die Petersilie dazugeben. Abschmecken mit Salz und Pfeffer.

4. Die Spagetti mit der Sauce vermengen. Sofort servieren.

Abbildung:
Nudeln mit Brokkoli und Oliven

PASTA ALLE RAPE

- 500 g Spagetti oder Bandnudeln
- 300–400 g Schwarzkohl

- 2–4 EL Olivenöl extra nativ
- 2 Knoblauchzehen,
  grob zerkleinert
- wenig rote Pfefferschote/
  Peperoncino, grob gehackt
- 200 ml/2 dl Weißwein oder
  Nudelkochwasser
- Meersalz
- Pfeffer aus der Mühle

1. Den Schwarzkohl in Streifen schneiden.

2. Die Spagetti in reichlich Salzwasser 4 Minuten kochen. Die Schwarzkohlstreifen dazugeben und rund 4 Minuten mitkochen, bis die Spagetti al dente sind. Abgießen.

3. Den zerkleinerten Knoblauch und die gehackten Pfefferschoten im Olivenöl anschwitzen, mit dem Weißwein oder Nudelkochwasser angießen. Einige Minuten köcheln lassen. Mit Salz und Pfeffer würzen.

4. Die Nudeln samt Gemüse zur Sauce geben, gut mischen. Mit frischem Olivenöl servieren.

Zum Rezept: Ein typisches italienisches Wintergericht, einfach, schmackhaft und gesund.

Variante: Einige geröstete Pinienkernen darüber streuen. Der Schwarzkohl kann durch Brokkoli ersetzt werden.

Produkteinfo: Der Schwarzkohl, auch Ölraps genannt, ist beim italienischen Gemüsehändler erhältlich. In der Schweiz auch bei der Migros.

Abbildung hinten:
Griechischer Bauernsalat,
Rezept Seite 57
Abbildung vorn:
Pasta alle rape

SPAGETTI MIT ROHER TOMATENSAUCE

- 500 g Spagetti

- 1 kg Fleischtomaten
- 2 Knoblauchzehen, fein gehackt
- ½ Bund Basilikum, geschnitten
- 5 EL Olivenöl extra nativ
- 1 EL Pinienkerne
- 100 g geriebener Parmesan
- Meersalz
- Pfeffer aus der Mühle
- Basilikum für die Garnitur

1. Die Tomaten an der Spitze kreuzweise einschneiden, in einem Schaumlöffel in kochendes Wasser tauchen, bis sich die Haut zu lösen beginnt. Die Früchte schälen, halbieren, entkernen, den Stielansatz entfernen, klein würfeln.

2. Tomatenwürfelchen, Knoblauch und Basilikum mit dem Öl mischen. Pinienkerne und Parmesan untermischen. Mit Salz und Pfeffer abschmecken.

3. Die Spagetti in reichlich Salzwasser al dente kochen. Etwas abkühlen lassen.

4. Die Spagetti noch lauwarm mit der rohen Tomatensauce mischen. Mit Basilikum garnieren und einigen Tropfen Olivenöl abrunden.

Das Rezept stammt aus «Pasta-Saucen» von Yvonne Tempelmann.

PASTA MIT PESTO ALLA GENOVESE

- 500 g Nudeln

- 5 Knoblauchzehen
- 1 Hand voll Pinienkerne
- 2 Bund Basilikum
- ½ TL Meersalz
- 2 EL geriebener Parmesan
- 8 EL Olivenöl extra nativ

1. Für den Pesto Knoblauch und Pinienkerne grob hacken und im Steinmörser fein zerstoßen. Das in feine Streifen geschnittene Basilikum und das Salz beifügen und ebenfalls zerstoßen. Dann nach und nach den Käse und das Öl unterrühren.

Zum Rezept: Das ist die klassische Zubereitung dieser köstlichen Sauce. Der eilige Nordeuropäer kann alle Zutaten im Mixerglas oder mit dem Stabmixer pürieren. Ein Italiener bekommt bei solchem Ansinnen allerdings kalte Füße.

Tipp: Die Sauce passt auch zu Schalenkartoffeln und gedünstetem Gemüse. In einem Glas mit Schraubverschluss kann der Pesto im Kühlschrank einige Tage aufbewahrt werden.

Variante: Im Frühling das Basilikum durch Bärlauch ersetzen. Eine Alternative ist auch die Rucola. Man kann aber auch einen Teil Basilikum und einen Teil glatte Petersilie verwenden.

KASTANIENNUDELN MIT RUCOLA-MORCHEL-SAUCE

- 300 g Kastaniennudeln
- 1 TL Olivenöl extra nativ

Sauce
- 2 EL kaltgepresstes Olivenöl extra nativ
- 2 durchgepresste Knoblauch-zehen
- 100 g Rucola/Rauke, fein geschnitten
- 150 g frische Morcheln, geputzt
- 2 EL Pinienkerne
- 150 g Lachs, in Streifen
- 200 g/2 dl süße Sahne/Rahm
- Kräutermeersalz
- Pfeffer aus der Mühle

1. Für die Sauce den durchgepressten Knoblauch im Olivenöl andünsten. Die Rucola und die Morcheln dazugeben und einige Minuten mitdünsten. Pinien-kerne, Lachs und Sahne unterrühren. Köcheln lassen, bis die Sauce die richti-ge Konsistenz hat. Mit Kräutersalz und Pfeffer abschmecken.

2. Für die Nudeln reichlich Salzwasser zusammen mit dem Olivenöl aufkochen. Die Nudeln darin al dente kochen.

3. Die Nudeln und die Sauce mischen. In vorgewärmten tiefen Tellern anrichten.

ROSMARINFLADEN

- 600 g Dinkelruchmehl
- 1 TL Meersalz
- 40 g frische Hefe (1 Würfel)
- 450 ml/4,5 dl lauwarmes Wasser
- 2 EL Olivenöl extra nativ
- Rosmarinnadeln
- Meersalz

1. Das Mehl auf die Arbeitsfläche häufen und eine Vertiefung machen. Das Salz auf den Rand streuen. Die Hefe zer-bröckeln und in die Vertiefung geben. Das lauwarme Wasser nach und nach zur Hefe geben, immer wieder mit et-was Mehl vermengen. Das Ganze zu-sammenfügen und das Olivenöl einkne-ten. Teig 10 Minuten von Hand kneten, in eine Schüssel legen und mit feuchtem Tuch bedecken. 1 Stunde gehen lassen.

2. Den Teig portionieren und von Hand 5 mm dicke Fladen formen. Mit Rosma-rinnadeln und Salz bestreuen.

3. Die Fladen im vorgeheizten Ofen bei 250 Grad 5 bis 8 Minuten knusprig ba-cken. Mit Olivenöl beträufeln.

Variante: In den Teig einige fein gehack-te schwarze oder grüne oder gemischte Oliven einkneten und dann backen. Mit grobem Steinsalz bestreuen, dann ba-cken. Statt Fladen kann man aus die-sem Teig auch Brötchen backen oder den Teig als Pizzaboden verwenden.

Abbildung auf Seite 101

PILZPIZZA MIT RUCOLA

für 2 Pizzas

Pizzateig
- 350 g Dinkelruchmehl
- ½ TL Meersalz
- ca. 250 ml/2,5 dl lauwarmes Wasser
- 40 g frische Hefe (1 Würfel)
- 1 EL Olivenöl extra nativ

Belag
- 400 g frische Steinpilze
- 1 EL Olivenöl extra nativ
- Meersalz
- Pfeffer aus der Mühle
- 1 EL Tomatenpüree
- Oregano
- einige entsteinte schwarze Oliven
- 1–2 mittlere Tomaten, in Scheiben, nach Belieben
- 150 g Mozzarella, in Stückchen
- Rucola

1. Für den Pizzateig das Mehl auf die Arbeitsfläche häufen und eine Vertiefung machen. Das Salz auf den Rand streuen. Die Hefe zerbröckeln und in die Vertiefung geben. Nach und nach das lauwarme Wasser und das Mehl zur Hefe geben. Das Ganze zu einem Teig zusammenfügen, auf der Arbeitsfläche 10 Minuten kräftig kneten. Den Teig in eine Schüssel legen, mit einem feuchten Tuch bedecken. 30 Minuten ruhen lassen.

2. Für den Belag die Pilze putzen und in feine Scheiben schneiden. Die Pilzscheiben im Öl kräftig andünsten, mit Salz und Pfeffer würzen.

3. Den Pizzateig halbieren. 2 Rondellen ausrollen, in ein eingefettetes Blech legen und dünn mit dem Tomatenpüree bestreichen. Die Pilze darauf verteilen. Den Oregano darüber streuen. Mit den Oliven und dem Mozzarella belegen. Mit Salz und Pfeffer würzen und mit wenig Olivenöl beträufeln.

4. Pizzas im vorgeheizten Ofen bei 220 Grad auf mittlerem Einschub rund 15 Minuten backen. Mit Rucola garnieren. Dazu Olivenöl reichen.

Abbildung auf Seite 74

Abbildung:
Rosmarinfladen, Rezept Seite 100

SIZILIANISCHES OLIVENBROT

- 750 g Dinkel- oder Weizenvollkornmehl, fein gemahlen
- 40 g Hefe
- 1 TL Akazienhonig oder Vollrohrzucker
- 150 ml/1,5 dl lauwarmes Wasser
- 500 g Tomaten
- 70 ml/0,7 dl Olivenöl extra nativ
- 1 Zwiebel, fein gehackt
- 1 TL Meersalz
- 250 g entsteinte schwarze Oliven, fein gehackt

1. Das Mehl in eine Schüssel geben und eine Vertiefung machen.

2. Die Hefe und den Honig im lauwarmen Wasser auflösen. In die Vertiefung gießen. 1 bis 2 Esslöffel Mehl unter den Vorteig rühren. Die Schüssel mit einem feuchten Tuch bedecken und den Vorteig an einem warmen Ort 15 Minuten gehen lassen.

3. Die Tomaten an der Spitze kreuzweise einschneiden. In einem Schaumlöffel in kochendes Wasser tauchen, bis sich die Haut zu lösen beginnt. Die Früchte schälen, den Stielansatz entfernen, klein würfeln. Die Tomatenwürfelchen zum Abtropfen in ein Sieb geben. Den Saft für eine Suppe oder einen Drink auffangen.

4. Die gehackten Zwiebeln in 2 Esslöffeln Öl dünsten.

5. Das Salz und das restliche Öl zum Vorteig geben, alles zusammenfügen und den Teig auf der Arbeitsfläche von Hand rund 10 Minuten kneten. Die Tomatenwürfelchen und die Zwiebeln einketen. Den Teig in die Schüssel legen, mit einem feuchten Tuch bedecken. 30 Minuten gehen lassen.

6. Den Ofen auf 220 Grad vorheizen.

7. Aus dem Teig einen länglichen Laib formen und diesen auf ein eingefettetes Blech legen. Das Brot auf mittlerem Einschub 15 Minuten bei 220 Grad und 30 bis 40 Minuten bei 200 Grad backen.

BRUSCHETTA

- Weißbrot, in dünnen Scheiben
- Olivenöl extra nativ
- Knoblauchzehen
- Meersalz

1. Die Weißbrotscheiben im Ofen oder im Toaster beidseitig bräunen.

2. Das getoastete Brot mit Olivenöl beträufeln. Mit frisch gepresstem Knoblauch und Salz bestreuen.

Variante: Olivenpaste-Tapenade, Seite 110; Tomaten und Rucola; Papricasauce, Seite 109

TOSKANISCHER SPINAT-KUCHEN MIT OLIVEN

Blitzkuchenteig
- 275 g Vollkornmehl
- 1/2 TL Meersalz
- 175 ml/1,75 dl Wasser
- 75 ml/0,75 dl Olivenöl extra nativ

Belag
- 4 EL Olivenöl extra nativ
- 200 g Zwiebeln, fein gehackt
- 2 Knoblauchzehen
- 400 g kleinblättriger Spinat
- Kräutermeersalz
- Pfeffer aus der Mühle
- Thymian

- 2 EL süße Sahne/Rahm
- 2 Freilandeier
- 50 g entsteinte schwarze Oliven

1. Für den Blitzkuchenteig das Mehl mit dem Salz mischen. Das Wasser aufkochen und die Pfanne von der Wärmequelle nehmen. Das Öl beigeben. 1 Minute mit dem Mixstab rühren, bis die Flüssigkeit emulgiert. Die Flüssigkeit zum Mehl geben und alles zu einem Teig zusammenfügen, nicht kneten. Den Teig etwas auskühlen lassen, dann zwischen zwei Klarsichtfolien auf Blechgröße ausrollen. Eine Klarsichtfolie entfernen und die Teigrondelle in das gefettete Blech stürzen. Die zweie Folie entfernen.

2. Für den Belag die Zwiebeln und den durchgepressten Knoblauch im Olivenöl andünsten. Den Spinat dazugeben und zusammenfallen lassen. Mit Salz, Pfeffer und Thymian würzen. Den Spinat in einem Sieb abtropfen lassen.

3. Den Spinat auf dem Teigboden verteilen. Die Eier und die Sahne verrühren und über den Spinat gießen. Mit den Oliven garnieren.

4. Den Spinatkuchen im vorgeheizten Ofen bei 200 Grad auf mittlerem Einschub 35 bis 40 Minuten backen. Heiß servieren.

Tipp: Ein schmackhafter Kuchen zum Aperitif.

Zum Rezept: Es ist der «Olivenzytig» von Tre Mulini entnommen.

LAUCH-SPROSSEN-PIZZA

für ein rechteckiges Blech

- 1 Portion Pizzateig, Seite 100

Belag
- 650 g Lauch, fein geschnitten
- 2 EL Olivenöl extra nativ
- 300 g Mungobohnensprossen
- 6 EL dicke Tomatensauce
- schwarze und grüne Oliven
- Kräutermeersalz, Peffer
- getrocknete Kräutermischung
- 200 g Mozzarella, klein geschnitten
- 2–3 EL Olivenöl extra nativ

1. Den Lauch in einem Esslöffel Olivenöl unter häufigem Rühren 3 bis 4 Minuten dünsten. Mit Salz und Pfeffer würzen.

2. Die Mungobohnensprossen im restlichen Öl kurz dünsten.

3. Den Hefeteig auf Blechgröße ausrollen und in die Form legen. Die Tomatensauce darauf ausstreichen. Lauch, Sprossen und Oliven darauf verteilen. Kräuter und Mozzarella darüber streuen. Mit dem Olivenöl beträufeln.

4. Pizza vor dem Backen nochmals rund 10 Minuten gehen lassen. Im vorgeheizten Ofen bei 220 Grad rund 15 Minuten backen.

MEDITERRANE MUFFINS

für 8 Muffins

- 250 g Dinkelruchmehl
- 1 Prise Meersalz
- 1 TL Vollrohrzucker
- ½ TL Backpulver
- 3 Freilandeier
- 150–200 ml/1,5–2 dl Milch
- 4 EL Olivenöl extra nativ
- 1 kleine Zwiebel, fein gehackt
- 50 g schwarze Oliven, gehackt
- 1 EL geschnittenes Basilikum
- ¼ Tasse geriebener Parmesan
- gehackter Rosmarin

1. Die Zutaten bis und mit Olivenöl zu einem glatten Teig rühren. Die restlichen Zutaten untermischen.

2. Kleine Souffléförmchen mit Butter einstreichen. Den Teig einfüllen. Es können auch Papierförmchen verwendet werden (3 Förmchen ineinander stecken). Mit wenig Parmesan bestreuen.

3. Die Muffins im vorgeheizten Ofen bei 200 Grad auf mittlerem Einschub rund 20 Minuten backen.

Tipp: Die noch warmen Muffins mit eingelegten Oliven, Artischocken und Tomaten servieren.

Zum Rezept: Das Muffinrezept verdanke ich Vreny Walther.

Abbildung: Mediterrane Muffins

KÜCHENFERTIGER KNOBLAUCH

- 1 Knoblauch
- Olivenöl extra nativ

1. Die Knoblauchzehen schälen und durchpressen. Mit so viel Olivenöl mischen, dass eine Paste entsteht. Die Paste in ein Glas mit Schraubverschluss füllen und kühl stellen.

Tipp: Diese Vorratshaltung habe ich Profiköchen abgeschaut. So hat man jederzeit frischen Knoblauch griffbereit.

MALTESER KNOBLAUCHPASTE

- 1 Knoblauch
- Olivenöl extra nativ
- Meersalz

1. Den Knoblauch halbieren und im vorgeheizten Ofen bei 180 Grad sehr weich garen, rund 30 Minuten. Das Knoblauchmark auskratzen und mit Olivenöl zu einer Paste rühren. Nach Belieben mit Salz würzen.

Tipp: Als Brotaufstrich oder zum Würzen verwenden.

AIOLI – KNOBLAUCH-MAYONNAISE

- 2 Knoblauchzehen
- 2 Eigelb von Freilandeiern
- Meersalz
- Pfeffer aus der Mühle
- 250 ml/2,5 dl Olivenöl extra nativ

1. Die Knoblauchzehen im Mörser zerstoßen oder durch die Knoblauchpresse drücken. Das Eigelb dazugeben, mit Salz und Pfeffer würzen. Das Olivenöl langsam und in kleinen Portionen dazurühren.

Tipp: Aioli zu Gemüsegerichten aller Art servieren, z. B. Grillgemüse oder Rohkost.

Abbildung Seite 73

KICHERERBSENPÜREE

- 150 g Kichererbsen
- 8–10 EL Olivenöl extra nativ
- 2–3 Knoblauchzehen
- ca. 100 ml/1 dl Gemüsebrühe
- Meersalz
- reichlich glatte Petersilie, fein gehackt

1. Die Kichererbsen über Nacht in kaltes Wasser einlegen. Die Hülsenfrüchte am nächsten Tag in der doppelten Menge frischem Wasser aufkochen und auf mittlerem Feuer rund 30 Minuten kochen lassen. Die Kichererbsen sollen sehr weich sein. Einige Zeit ausquellen lassen. Das restliche Kochwasser abgießen.

2. Die Kichererbsen durch das Passetout/Passevite drehen. Das Olivenöl und den durchgepressten Knoblauch untermischen. Mit etwas Gemüsebrühe zu einer homogenen Masse rühren. Abschmecken.

3. Das Kichererbsenpüree in Schälchen füllen. Die Petersilie darüber streuen.

Tipp: Zu Chapati oder als Dip zu Gemüsestäbchen servieren.

Gesundheit: Die Kichererbsen sind reich an pflanzlichem Eiweiß.

JOGURT-OLIVEN-DIP

- je 40 g entsteinte schwarze und grüne Oliven
- 1 Frühlingszwiebel
- 300 g Naturjogurt
- 2 TL eingelegte grüne Pfefferkörner
- 2 Knoblauchzehen
- 1 EL gehackte Petersilie
- einige Sardellenfilets, gehackt, nach Belieben
- Meersalz
- Pfeffer aus der Mühle

1. Die Oliven und die Frühlingszwiebel fein hacken, zusammen mit den grünen Pfefferkörnern unter den Jogurt rühren. Den Knoblauch dazupressen. Die Petersilie und die Sardellen untermischen. Mit Salz und Pfeffer abschmecken.

Tipp: Dieser Dip passt zu Avocados, Tomaten und geräuchertem Fisch.

SALSA VERDE AUS DEM PIEMONT

- 2 EL Rotweinessig
- Meersalz
- Pfeffer aus der Mühle
- 200 ml/2 dl Olivenöl extra nativ
- 1 Zwiebel, fein gehackt
- 1 Knoblauchzehe, durchgepresst
- 40 g glatte Petersilie, fein gehackt
- 10 Basilikumblätter, fein gehackt
- 3 Sardellenfilets, gehackt
- 3 kleine Essiggurken (Cornichons), gehackt
- 1 EL geröstete Pinienkerne, fein gehackt
- 1 EL Kapern, gehackt

1. Essig, Salz, Pfeffer und Öl verrühren. Die übrigen Zutaten dazugeben und gut mischen.

Tipp: Zu Rohkost, Schalenkartoffeln, Fleisch oder Fisch servieren.

Abbildung hinten:
Paprikasauce,
Abbildung vorn:
Lorbeerkartoffeln,
Rezept Seite 80

PAPRIKASAUCE

- 500 g roter Gemüsepaprika/ Peperoni
- 100 g Zwiebeln
- 5 EL Olivenöl extra nativ
- 150 g Tomaten
- 2 Knoblauchzehen
- Thymian, Blättchen gezupft
- 100–200 ml/1–2 dl Gemüse-brühe
- Kräutermeersalz
- Pfeffer aus der Mühle
- Basilikum

1. Den Gemüsepaprika halbieren, den Stielansatz und die Kerne entfernen. Die Fruchthälften klein würfeln. Die Zwiebeln in feine Scheiben schneiden. Bei den Tomaten den Stielansatz entfernen, die Früchte vierteln oder achteln. Die Knoblauchzehen hacken.

2. Paprikawürfelchen und Zwiebelscheiben im Olivenöl auf kleinem Feuer weich dünsten. Tomatenspalten, Knoblauch und Thymian beigeben und einige Minuten mitdünsten. Mit der Gemüsebrühe aufgießen, nochmals 15 Minuten köcheln lassen. Das Ganze passieren. Die Sauce mit Salz und Pfeffer würzen. Das Basilikum fein schneiden und untermischen.

Tipp: Passt zu Gemüse, Reis, Fleisch- und Fischgerichten. Auch als Brotaufstrich geeignet.

OLIVENPASTE – TAPENADE

- 200 g entsteinte schwarze Oliven
- 2 EL Kapern
- 3 Sardellenfilets
- 1–2 Knoblauchzehen, zerkleinert
- 150–200 ml/1,5–2 dl Olivenöl extra nativ

1. Oliven, Kapern, Sardellenfilets und Knoblauch im Cutter (Moulinette) fein hacken. Das Ganze in eine kleine Schüssel geben und mit dem Öl zu einer Paste rühren.

Tipp: Passt zu geröstetem Brot und zu Rohkost. Die Olivencreme hält sich in einem Glas mit Schraubverschluss im Kühlschrank einige Tage frisch.

THUNFISCHPASTE

- 1 kleine Dose Thunfisch
- 2 EL Kapern
- 3 Sardellenfilets
- 100 g entsteinte schwarze Oliven
- 150 ml/1,5 dl Olivenöl extra nativ

1. Thunfisch, Kapern, Sardellenfilets und Oliven im Cutter (Moulinette) fein hacken. Das Ganze in eine kleine Schüssel geben und mit dem Öl zu einer Paste rühren.

SAHNIGE ZITRONENSAUCE

- 1 unbehandelte Zitrone, abgeriebene Schale und Saft
- 1 Prise Paprikapulver
- 1 Prise Meersalz
- Pfeffer aus der Mühle
- ½ TL Akazienhonig
- 6 EL Olivenöl extra nativ
- 2–3 EL Crème fraîche

1. Sämtliche Zutaten, ohne die Crème fraîche, zu einer sämigen Sauce rühren. Nun auch die Crème fraîche unterrühren.

Tipp: Passt gut zu jungem Kopfsalat und Pflücksalat.

KRÄUTERÖLE

Wer während des ganzen Jahres den Geschmack frischer Kräuter in der Küche genießen möchte, kann die gartenfrischen Kräuter in Olivenöl extra nativ einlegen. Diese Kräuteröle sind in hübschen Flaschen abgefüllt auch ein schönes Geschenk.

- Thymian und Rosmarin in Olivenöl extra nativ einlegen; ideal für Nudelgerichte.

- Knoblauch, Pfefferschoten/Peperoncini und Rosmarin in Olivenöl extra nativ einlegen; ideal für Grilladen.

- Minze, Knoblauch, Kreuzkümmelsamen, Koriandersamen, Nelken und Muskatnuss in Olivenöl extra nativ einlegen; gibt orientalischen Gerichten Pfiff.

Herstellung der Kräuter- und Gewürzöle:

- Gewünschte Kräuter und Gewürze in eine Flasche füllen. Mit Olivenöl extra nativ auffüllen. Die verschlossene Flasche an einen warmen, aber nicht heißen Ort stellen. 5 bis 6 Wochen ziehen lassen, bis das Öl den Geschmack der Gewürze und Kräuter angenommen hat.

OLIVENÖL UND OLIVENPRODUKTE IN DER NATURHEILKUNDE

Olivenöl wird im Mittelmeerraum seit viertausend Jahren als Gesundheitselixier geschätzt. Ramses der Zweite, welcher von 1290 bis 1224 v. Chr. in Ägypten herrschte, soll gegen jede Art von Beschwerden Olivenöl benutzt haben.

Auch Plinius empfahl zwei Flüssigkeiten für den Menschen. Für die innere Anwendung empfahl er den Wein und für die äußerliche das Olivenöl. Und Demokrit erwiderte auf die Frage, wie man gesund bleiben und alt werden könne, mit der diätetischen Regel: «Innerlich Honig und äußerlich Öl». Ähnlich lautete die Antwort eines Römers auf die Frage von Kaiser Augustus, durch welches Mittel er über 100 Jahre alt geworden sei: «Innerlich durch den Wein mit Honig und äußerlich durch das Öl».

Weitere geschichtliche Quellen

Auch in der Bibel finden wir verschiedene Hinweise auf die heilkundliche Anwendung von Olivenöl. Das Öl wurde in der damaligen Zeit unter anderem für die Körper- und Krankenpflege eingesetzt. In der arabischen, griechischen und römischen Medizin spielte das Olivenöl ebenfalls eine wichtige Rolle. Es wurde als Basis von Salben, Balsam und Ölen verwendet. Das Öl wurde auch zur Wundbehandlung und bei

Verbrennungen eingesezt. Mit Olivenöl stillte man blutende Wunden, linderte Juckreiz und trug es bei Nesselstichen auf. Es half bei der Behandlung von rissiger und spröder Haut. Bei Kopfschmerzen half eine Olivenöl-Massage.

Innerlich setzte man das Olivenöl bei Vergiftungen sowie Magen-Darm-Beschwerden, für Mundspülungen, bei Unterleibserkrankungen und zur Förderung der Menstruation ein.

Hildegard von Bingen und das Olivenöl

In der westlichen Heilkunde ist das Olivenöl seit dem 12. Jahrhundert als Heilmittel bekannt. Hildegard von Bingen hat es bei verschiedenen Beschwerden eingesetzt. Sie verwendete vor allem auch die Blätter und das Holz des Olivenbaumes als wertvolle Heilmittel. So empfahl sie die Rinde bei Gicht, die Blätter als Mittel bei Magenerkrankungen und das Öl wurde bei Kopf- und Lendenschmerzen, bei Verkrampfungen und zur äußerlichen Anwendung empfohlen.

> Das Öl, aus der Frucht des Ölbaums gepresst, taugt nicht sehr viel, wenn man es isst, weil Brechreiz auftritt und es die Speisen beim Essen schwerer macht. Aber es nützt gegen viele Krankheiten.
>
> **Hildegard von Bingen**

Sicherlich müsste Hildegard von Bingen heute ihre Meinung betreffend Olivenöl revidieren, denn man weiß inzwischen, dass gerade das Olivenöl mit seiner guten Verträglichkeit und in seiner Reinheit für den menschlichen Körper einmalig ist. Sicher war das Olivenöl zu Hildegards Zeiten nach der langen Reise, bis es das Rheinland erreichte, bereits alt und taugte damit nur noch zur äußeren Anwendung.

Rudolf Steiner lobte das Olivenöl als Lebens- und Heilmittel

Rudolf Steiner empfahl an seinen medizinischen Lesungen Wein, Honig und Olivenöl als gesunde Lebensmittel und zum Heilen. Vor allem der Wein und das Olivenöl sind Kennzeichen der heute so gelobten mediterranen Ernährung.

Viele dieser bekannten Anwendungsformen sind durch die moderne Medizin verlorengegangen. Sie gewinnen heute in der Naturheilkunde wieder vermehrt an Bedeutung.

Olivenöl und Cholesterin

In den letzten Jahren haben zahlreiche epidemiologische und biochemische Studien in der Ernährungswissenschaft nachgewiesen, dass gesättigte Fettsäuren, wie sie vor allem in tierischen Eiweißen vorkommen, bei der Steigerung des Gesamtcholesterins besonders die Menge des LDL-Cholesterins (schlechte bzw. gefährliche Cholsterinfraktion)

steigern. Gleichzeitig wird das HDL (High Densitiy Lipoproteine), oder auch gutes Cholesterin genannt, reduziert. Das LDL-Cholesterin bewirkt die Ablagerung von fettigen Substanzen an den Innenwänden der arteriellen Blutgefäße. Vorzeitige Arteriosklerose mit dem Verlust der Gefäßelastizität und schlechter Durchblutung sind die Folge.

Typische Krankheitsbilder sind koronare Herzkrankheiten mit Angina Pectoris, Herzinfarkt, Durchblutungsstörungen des Gehirns mit vorzeitigem Nachlassen des Kurzzeitgedächtnisses und Schlaganfall. Ein hoher HDL-Cholesteringehalt gilt als Hinweis für ein niedriges Herzinfarktrisiko. Ein niedriger HDL-Spiegel gilt als Risikofaktor.

Olivenöl: Schutz für das Herz

Das Olivenöl besteht zu ca. drei Vierteln aus einfach ungesättigten Fettsäuren (Oleinsäuren) und zu ca. einem Sechstel aus mehrfach ungesättigten Fettsäuren. Nur max. 20% sind gesättigte Fettsäuren. Bisher hat man angenommen, dass nur die mehrfach ungesättigten Fettsäuren sich auf den Cholesterinspiegel positiv auswirken, die einfach ungesättigten Fettsäuren sich bezüglich Cholesterin neutral verhielten. Daher wurde das Olivenöl zur Senkung des Cholesterinspiegels lange gar nicht empfohlen. Forschungen haben gezeigt, dass die Völker im mediterranen Raum trotz kalorienreicher Ernährung und einem hohen Fettkonsum (vorwiegend Olivenöl) eine niedrigere Herzinfarktrate und einen im Durchschnitt niedri-

Olivenöl und Olivenblätter heilen und lindern

- Olivenöl wirkt positiv bei erhöhten Cholesterinwerten, es verringert das schlechte LDL-Cholesterin und erhöht das gute HDL-Cholesterin.

- Olivenöl ist gut fürs Herz.

- Olivenöl senkt den Blutdruck.

- Tee aus Olivenblättern senkt den Blutdruck.

- Olivenöl verdünnt das Blut.

- Olivenöl regt den Gallenfluss an.

- Olivenöl fördert die Verdauung und wirkt leicht abführend.

- Olivenöl enthält chemische Stoffe, die das Krebswachstum verzögern und das Altern verlangsamen.

- Tee aus Olivenblättern senkt Fieber.

menöl senken immer den Gesamtcholesteringehalt mit dem wertvollen HDL, was jedoch unerwünscht ist. Deshalb sollte das Olivenöl zur Regulation von erhöhten Cholesterinwerten in der Ernährungstherapie eingesetzt werden.

Ein Esslöffel Olivenöl soll die cholesterinsteigernde Wirkung von zwei Hühnereiern aufheben. Vier bis fünf Esslöffel Olivenöl täglich verbessern das Blutbild von Herzinfarktpatienten sichtbar. Zwei Drittel eines Esslöffels, täglich genossen, wirken gemäß einer Studie bei Männern blutdrucksenkend.

Olivenöl und Diabetes

Die traditionelle mediterrane Küche erfüllt alle Anforderungen an eine gut abgestimmte Diabetes-Ernährung. Vor allem viel Gemüse und komplexe Kohlenhydrate wirken sich bekanntlich beim Diabetiker positiv aus.

Olivenöl und Übergewicht

Bei einer mediterranen Ernährung, die oft automatisch den Grundsätzen der Trennkost entspricht, kann Übergewicht auf gesunde Art reduziert werden. Personen, die wegen zu vieler Kilos oft kaum mehr Fett zu sich nehmen, laufen Gefahr, dass ihr gesamter Stoffwechsel aus dem Gleichgewicht gerät. Dadurch werden Gewichtsprobleme geradezu gefördert.

geren Cholesterinspiegel als die Vergleichsbevölkerung im übrigen Europa aufweisen. Die sonst so hochgepriesenen Pflanzenöle mit einem großen Anteil an mehrfach ungesättigten Fettsäuren wie z.B. Distel- und Sonnenblu-

Phänomen Kreta

Die Einwohner von Kreta essen mehr Fett als alle anderen Menschen auf der Erde. Fast die Hälfte ihrer täglichen Kalorien decken sie mit Fett. Davon stammen allerdings mehr als zwei Drittel aus Olivenöl. Nach dem heutigen Stand der Wissenschaft müsste dieser hohe Fettkonsum dazu führen, dass die Einwohner Kretas mehr an Herzkrankheiten leiden als andere Völker. Genau das Gegenteil ist der Fall. Die Bevölkerung von Kreta weist weltweit eine der niedrigsten Raten an Herzkrankheiten und Krebs auf. Wissenschafter, die dem Geheimnis der Langlebigkeit der Bevölkerung Kretas auf die Spur kommen wollen, stoßen unweigerlich auf das Olivenöl. Auf Kreta wird mehr Olivenöl pro Kopf verbraucht als in jeder anderen Region der Erde. Nicht weit dahinter rangieren die übrigen Länder mit mediterraner Küche.

Olivenöl für ein langes Leben

Chemische Sustanzen im Olivenöl hemmen die Gerinnungsneigung des Blutes, sie heben den positiven HDL-Cholesterinspiegel an und senken gleichzeitig das negative LDL-Cholesterin. Als Ernährungsberaterin höre ich immer wieder von Klienten in der Beratung, dass ihnen der Arzt wegen eines zu hohen Cholesterinspiegels Olivenöl verboten habe. Ich hoffe, dass dieses Buch dazu beiträgt, dieses Märchen auszurotten und dass alle Herzspezialisten ihren Patienten das gesunde Olivenöl empfehlen. Glücklicherweise gibt es aber auch schon etliche Experten auf der Welt, die aufgrund der vorliegenden Studien ihren Patienten zu Olivenöl als Medizin raten. Bei Tests an Amerikanern wurde festgestellt, dass durch die Einnahme von Olivenöl der Blutcholesteringehalt um 13% Prozent und das gefährliche Cholesterin sogar um 21% reduziert werden konnten.

In Mailand gibt es ein Ärzteteam, das den Patienten nach einer Herzoperation als Teil der therapeutischen Nachbehandlung pro Tag vier bis fünf Esslöffel Olivenöl verschreibt. Innerhalb von sechs Monaten weisen die Patienten eindeutig verbesserte Blutwerte auf und werden dadurch weniger anfällig für Herzkrankheiten.

> Eure Lebensmittel sollen Eure Heilmittel sein und Eure Heilmittel Eure Lebensmittel.
>
> **Hippokrates**

Olivenöl ist leicht verdaulich

Das Olivenöl ist für den Menschen besonders wertvoll, weil sein Schmelzpunkt dem der menschlichen Fettbildung ähnlich ist und die Zusammensetzung des Unterhautfettgewebes etwa derjenigen von Olivenöl entspricht.

Fette sind um so leichter verdaulich, je mehr sich ihr Schmelzpunkt dem der menschlichen Körpertemperatur nähert. Unter diesem Gesichtspunkt betrachtet, weist das Olivenöl fast Idealwerte auf, gefolgt von der Butter, die bei ca. 37 Grad schmilzt. Da Olivenöl leicht emulgiert, ist es auch in der menschlichen Verdauung sehr leicht aufzuspalten. Daher sollte es auch bei einer Leber-Gallen-Diät das bevorzugte Fett sein.

Übrigens ist Olivenöl auch den vielen Menschen mit Magenübersäuerung zu empfehlen. Hochwertiges Olivenöl hat eine säuresenkende Wirkung. In Italien werden den mit der Herstellung des Olivenöls Beschäftigten in den morgendlichen Orangensaft immer einige Tropfen Öl beigefügt.

Selbst bei Patienten mit Magen- und Darmgeschwüren besserten sich die Krankheitsbilder bei regelmäßigem Konsum von Olivenöl. Es ist also alles andere als schwer verdaulich.

Olivenöl als Prävention gegen Krebs

Wenn menschlichen Zellen Olivenöl zugeführt wird, macht es die Zellmembran stabiler und weniger anfällig gegen die Zerstörung durch die sogenannten «freien Radikale», die den Körper durchstreifen. Es wird vermutet, dass Antioxydantien im Olivenöl, wenn sie von den menschlichen Zellen in ausreichendem Maß absorbiert werden, Angriffe abwehren können, die Zellen in Unordnung bringen und anfälliger für Krebs machen.

Olivenöl hat außerdem durch seine verdauungsanregende Wirkung noch einen weiteren Vorteil: Es ist bekannt, dass bei Verstopfung zahlreiche Giftstoffe im Darm zurückbleiben und hier zu einer Vergiftung des gesamten Körpers vom Darm her führen. Dies kann auch die Entstehung von Darmkrebs begünstigen. Dass sich das Olivenöl respektive die mediterrane Ernährung der Menschen im Mittelmeerraum positiv auf Krebs auswirkt, zeigen die Untersuchungen über die Krebssterblichkeit in Nord- und Westeuropa. In letzteren ist diese generell höher als in den Mittelmeerländern.

Olivenöl als Basis für Heilöle

In der Naturheilkunde findet das Olivenöl vor allem Verwendung für fettlösliche Arzneimittel. Es dient als Basis zur Herstellung von Johannisöl, das die Nerven beruhigt, des entzündungshemmenden Königkerzenöls, von Rosmarin- und Apfelknospenöl, welche die Durchblutung fördern. Oder Majoranöl, das die Verdauung anregt, und Fenchelöl, das schleimlösend wirkt. Außerdem kann man das Olivenöl auch als Basisöl zur Herstellung verschiedener Massageöle verwenden.

Heilwirkungen des Olivenblattes

Das Olivenblatt (Folia oleae) wird als ausgewachsenes Blatt oder als Blattknospe gepflückt. Sie haben als Tee oder als Tropfen eine blutdrucksenkende Wirkung.

Olivenöl in der Kleinkinder-Ernährung

Untersuchungen über das Olivenöl in England haben gezeigt, dass den darin enthaltenen Oleinsäure in der frühen Ernährung von Säugetieren und neugeborenen Kindern eine der wichtigsten Aufgaben beim Zellaufbau zukommt. Die Oleinsäure wirkt sich auch positiv auf die Lernfähigkeit aus. Stillende Mütter sollten daher täglich genügend Olivenöl zu sich nehmen, damit der Gehalt der lebenswichtigen Oleinsäure in der Muttermilch steigt. Selbstverständlich gilt das auch für die Zeit der Schwangerschaft.

Die einfach ungesättigten Fettsäuren

Im Olivenöl überwiegen mit 70 bis 80% die einfach ungesättigten Fettsäuren. Der Rest setzt sich aus zweifach oder mehrfach ungesättigten Fettsäuren zusammen. Für die Anthroposophen ist das Olivenöl auf Grund seiner Zusammensetzung auch das Öl der Mitte. Zahlreiche Studien haben gezeigt, dass gerade die einfach ungesättigten Fettsäuren eine starke Schutzwirkung auf das Blut haben; während vieler Jahre wurde diese Wirkung irrtümlicherweise den mehrfach ungesättigten Fettsäuren zugeschrieben.

Je größer der Anteil an mehrfach ungesättigten Fettsäuren, desto weniger gut eignet sich das Öl zum Erhitzen

Mittlere Fettsäurezusammensetzung der Pflanzenfette
(In % der Gesamtfettsäuren)

	gesättigte	einfach ungesättigte	zweifach ungesättigte	andere mehrfach ungesättigte
Kürbiskernöl	9	34	42	15
Sonnenblumenöl	12	23	65	
Distelöl	12	13	75	
Sesamöl	13	42	45	
Sojaöl	15	26	50	9
Olivenöl	16		76	8
Maiskeimöl	17	24	59	
Palmöl	46		44	10
Kokosfett (Kopra)	92		6	2

- ■ gesättigte Fettsäuren
- ■ einfach ungesättigte Fettsäuren
- ■ zweifach ungesättigte Fettsäuren
- ■ andere mehrfach ungesättigte Fettsäuren

PRAKTISCHE ANWENDUNG

Äußerliche Anwendungen mit Olivenöl

Olivenöl kann bei Abszessen, bei Nagelerkrankungen, Insektenstichen und bei Rheuma auf die betroffenen Stellen oder Gelenke aufgetragen und eingerieben werden.

Es wird auch für Wickel und Packungen, bei Verbrennungen, zur Wundbehandlung, als Badezusatz oder als Klistier eingesetzt.

Empfehlung: Das Öl sollte bei äußerlicher Anwendung vor dem Einreiben in der Flasche im Wasserbad leicht erwärmt werden. Körperwarmes Öl entfaltet die Wirkung besser.

Einreibungen mit Olivenöl

Reines Olivenöl wird in Italien noch heute bei Muskelkater, Krämpfen, Pusteln, bei Schmerzen aller Art und zur Entspannung eingerieben. Edgar Cayce, der große Heiler, hat das Olivenöl als eines der wirkungsvollsten Stoffe zur Anregung der Muskeltätigkeit und der Schleimhäute empfohlen. Es löst Verhärtungen und durchwärmt. Olivenöl hilft bei allen Arten von rheumatischen Beschwerden.

Strassmann empfiehlt in seinem Buch «Baumheilkunde», zur Unterstützung der Lebertätigkeit während zweier bis dreier Wochen jeweils in der Nacht auf die Lebergegend eine Kompresse aus Olivenöl aufzulegen. Das reinigt, regt die Gallentätigkeit an und stärkt die Leber. Zur Festigung der Muskulatur und der Bandscheiben empfiehlt er, täglich die Wirbelsäule mit Olivenöl einzureiben.

Mundspülungen mit Olivenöl

Morgens wird ein Esslöffel Olivenöl in den Mund genommen und während mindestens 10, noch besser 20 Minuten gekaut. Danach muss das Öl ausgespuckt werden. Diese Kur trägt zur Entgiftung und Reinigung des Körpers bei.

Morgentrunk mit Olivenöl und Zitronensaft

Zwei Teelöffel Olivenöl extra nativ (extra-vierge) zusammen mit einem Glas lauwarmem Wasser und sechs Tropfen Zitronensaft trinken. Das macht fit und munter.

Olivenblätter und Olivenholz für Räucherungen

Durch das Räuchern von Olivenblättern und Olivenholz begegnen wir dem unmittelbaren Wesen des Baumes (Strassmann, Baumheilkunde). Diese Räucherung trägt mit dazu bei, Frieden und Ruhe zu finden und Körper, Geist und Seele zu stärken.

Olivenöl in der Geburtshilfe

Schon immer wurde Olivenöl in der Geburtshilfe angewandt. Damm und Scheide werden vor der Geburt mit Olivenöl eingerieben.

Olivenblättertee gegen Stress und bei Beschwerden während der Menopause

1 Woche Intensiv-Teekur

20 g Olivenblätter in einem Liter Wasser auf 250 ml/2,5 dl einkochen lassen und über den Tag verteilt während einer Woche trinken.

Kaltauszug für Olivenblättertee

20-40 g Olivenblätter über Nacht in kaltem Wasser ziehen lassen. Am Morgen kurz erwärmen und abseihen. Über den Tag verteilt trinken. Dauer der Kur: 3 Wochen. 1 Woche Pause und nochmals 3 Wochen Teekur.

Intensiv-Reinigungskur

Jeden Morgen und Abend wird eine Tasse Tee aus Olivenblättern getrunken. Über Nacht machen wir eine Leberkompresse und am Morgen die Ölspülung. Dauer der Kur: rund 3 Wochen.

Oliven in der Bachblüten-Therapie

Die Bach-Blüte «Olive» wird als Mittel bei körperlicher, geistiger und seelischer Überanstrengung verabreicht. Man fühlt sich ausgelaugt und am Ende seiner Kräfte. Die Bachblüte «Olive» schenkt Kraft und Vitalität.

Der Olivenbaum für die Seele

Wer Gelegenheit hat, unter einem alten Olivenbaum zu meditieren, der wird die vom Baum ausgehende Kraft und Energie spüren. Dies ist eine Bestätigung für die Bezeichnung «Lebensbaum». Die Olive hilft dem Menschen auch, seine eigenen Grenzen zu erkennen.

Das Olivenholz ist ein sehr hartes, robustes und widerstandsfähiges Holz. Es spiegelt die Lebendigkeit des Baumes. Dies spürt man auch in seinem Holz. So kann der Mensch bei Müdigkeit und fehlender Energie wieder Kraft tanken. Ich habe dieses Buch auf einem Hocker aus Olivenholz geschrieben!

Strassmann schreibt in seinem Buch «Baumheilkunde»: «Ich bin überzeugt, dass all jene Menschen, die beruflich stark engagiert sind, hin und wieder auf einem Stuhl aus Olivenholz sitzen sollten, um Energie zu tanken.»

Wird Olivenholz als Brennholz verwendet, spendet es Wärme, die in unsere Seele eindringt.

LITERATURVERZEICHNIS

Bosi, Roberto; L'Olio-Olivenöl. Edition Spangenberg bei Droemer Knaur

Carper, Jean; Nahrung ist die beste Medizin. Econ

Degner, Rotraud; Olivenöl. Ein Guide für Feinschmecker. Heyne

Gordon-Smith Claire; Olivenöl, Der besondere Geschmack. Droemer Knaur

Hartner, Heide; Olivenöl und Oliven. Econ

Hofmann, Ilse; Unterlagen von Bonefro, Nicola di Capua, zum Thema Olivenöl in der Naturheilkunde

Kleinehanding, Brigitte; Der Ölbaum, Symbol des Lebens. Braus

Pelikan, Wilhelm; Heilpflanzenkunde, Band 2., Philosophisch anthroposophischer Verlag, Goetheanum

Renzenbrink, Udo; Ernährungskunde aus anthroposophischer Erkenntnis. Rudolf Gering

Romano, Marco; Diplomarbeit «Der Olivenölmarkt», 1994.

Schmidt, Gerhard; Dynamische Ernährungslehre, Band 2. Proteus

Schäfer Schuchardt, Horst; Die Olive. DA Das Andere

Scott, Cunningham; Magie in der Küche. Smaragd

Strassmann, René A.; Baumheilkunde. AT

Tolley, Emelie; Mead, Chris; Kräuter. Du Mont

Vescoli, Michael; Keltischer Baumkreis. Edition Kürz

Wolfram, Kathrin; Die Ölziehkur. Goldmann

Tre Mulini; «Olivenöl Zytig», Zürich

Divserse Broschüren der Oleificio Sabo in Manno und Pistor AG in Rothenburg

Rapunzel, Produkteinformation über Öle

Diverse Zeitungsartikel zum Thema Olivenöl

Fachunterlagen über Olivenöl der Firma Biocampo, Lugano

Fachpublikation der Euroscience Communication Frankfurt, Kampagne
zur Förderung des Olivenölverbrauchs

Adressen/Veranstaltungen

Ölfäscht in Zürich
Das Ölfäscht findet jedes Jahr am letzten Wochenende im März in Zürich statt.
Auskunft über Tre Mulini, Zürich. Telefon 01/461 52 50.

Die «Olivenöl Zytig» von Tre Mulini erscheint halbjährlich in Zürich. Erhältlich in
Bioläden oder direkt über Tre Mulini, Zürich. Telefon 01/461 52 50.

Internet Datenbank über Olivenöl und mediterrane Ernährung:
http://europa.eu.int/olive-oil
Die Sammlung enthält wissenschaftliche Informationen über Olivenöl mit Refe-
renzlisten zu Studien über die gesundheitlichen Vorteile von Olivenöl, Auswirkun-
gen des Olivenölkonsums auf die Gesundheit in Europa. Kongresskalender über
Veranstaltungen auf dem Gebiet der Kardiologie und Onkologie usw.

Kampagne der EU zur Förderung des Olivenölverbrauchs
Informationen können angefordert werden bei: Euroscience Communication Hill
and Knowlton PR, Kleystraße 90, D-60326 Frankfurt a. M.
Telefon 069/9 73 62 13, Fax 069/73 08 66

Olivenöl-Museum in Italien
Costa dei fiori
Zugstation Imperia/Riviera di Ponente

MICO – Internationale Bewegung für die Olivenölkultur, Via A. Lamarmora 14,
I-50121 Firenze. Fördert Treffen, Studium, Konferenzen, Debatten und andere
kulturelle Veranstaltungen und organisiert Bildungs- und Degustationskurse.